Educação do campo, educação popular e a geografia: uma construção dialógica

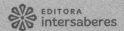

O selo DIALÓGICA da Editora InterSaberes faz referência às publicações que privilegiam uma linguagem na qual o autor dialoga com o leitor por meio de recursos textuais e visuais, o que torna o conteúdo muito mais dinâmico. São livros que criam um ambiente de interação com o leitor – seu universo cultural, social e de elaboração de conhecimentos –, possibilitando um real processo de interlocução para que a comunicação se efetive.

Educação do campo, educação popular e a geografia: uma construção dialógica

Silvana Cassia Hoeller

Maurício Cesar Vitória Fagundes

Maria Isabel Farias

Rua Clara Vendramin, 58 . Mossunguê . CEP 81200-170 . Curitiba . PR . Brasil
Fone: (41) 2106-4170 . www.intersaberes.com . editora@editoraintersaberes.com.br

Conselho editorial
Dr. Ivo José Both (presidente)
Dr ª Elena Godoy
Dr. Neri dos Santos
Dr. Ulf Gregor Baranow

Editora-chefe
Lindsay Azambuja

Supervisora editorial
Ariadne Nunes Wenger

Analista editorial
Ariel Martins

Preparação de originais
Bruno Gabriel

Edição de texto
Fabia Mariela de Biasi
Camila Rosa

Capa
Luana Machado Amaro (*design*)
Veleri/Shutterstock (imagem)

Projeto gráfico
Mayra Yoshizawa

Diagramação
Alfredo Netto

Equipe de *design*
Luana Machado Amaro
Mayra Yoshizawa

Iconografia
Celia Kikue Suzuki
Regina Claudia Cruz Prestes

1ª edição, 2019.

Foi feito o depósito legal.

Informamos que é de inteira responsabilidade dos autores a emissão de conceitos.

Nenhuma parte desta publicação poderá ser reproduzida por qualquer meio ou forma sem a prévia autorização da Editora InterSaberes.

A violação dos direitos autorais é crime estabelecido na Lei n. 9.610/1998 e punido pelo art. 184 do Código Penal.

Dados Internacionais de Catalogação na Publicação (CIP)
(Câmara Brasileira do Livro, SP, Brasil)

Hoeller, Silvana Cassia
  Educação do campo, educação popular e a geografia: uma construção dialógica/Silvana Cassia Hoeller, Maurício Cesar Vitória Fagundes, Maria Isabel Farias. Curitiba: InterSaberes, 2019.

Bibliografia.
ISBN 978-85-227-0000-4

1. Educação comunitária 2. Educação popular – Brasil 3. Educação rural – Brasil 4. Geografia – Estudo e ensino 5. Movimentos sociais – Brasil I. Fagundes, Maurício Cesar Vitória. II. Farias, Maria Isabel. III. Título.

19-24243   CDD-370.917340981

Índices para catálogo sistemático:
1. Brasil: Educação do campo 370.917340981

Maria Paula C. Riyuzo – Bibliotecária – CRB-8/7639

Sumário

Prefácio | 9

Apresentação | 13

Organização didático-pedagógica | 17

1. **Da educação rural aos caminhos para educação do campo** | 23

    1.1 Recorte histórico e raízes da educação rural | 25

    1.2 A influência do Ministério da Agricultura na educação rural e os vínculos com a reforma agrária | 37

    1.3 Programas e projetos: da educação rural ao assistencialismo | 44

    1.4 Movimentos sociais e a luta pela educação | 49

    1.5 Comparação entre a regulamentação da educação rural e a função de alguns programas | 53

    1.6 A Lei de Diretrizes e Bases da Educação Nacional e a educação básica do campo | 58

2. **Educação do campo e suas especificidades: um projeto popular para o desenvolvimento** | 65

    2.1 Conferências e a luta em prol da educação do campo | 68

    2.2 Diretrizes operacionais para a educação básica do campo: elementos de construção | 72

    2.3 Conceitos e princípios da educação do campo | 75

    2.4 Políticas públicas para educação do campo | 85

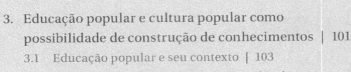

3. **Educação popular e cultura popular como possibilidade de construção de conhecimentos | 101**
   - 3.1 Educação popular e seu contexto | 103
   - 3.2 Elementos fundantes dos conceitos de educação popular e de cultura popular | 109
   - 3.3 Cultura e educação popular: possibilidades de construção de conhecimento | 121
   - 3.4 O campo pedagógico do trabalho do educador popular na relação com os sujeitos do campo | 127

4. **Educador do campo e educação comunitária em processo de mudança | 139**
   - 4.1 Educação popular como saber da comunidade | 141
   - 4.2 Educação comunitária | 149
   - 4.3 Educação e participação comunitária | 156
   - 4.4 Papel do educador/a no processo de mudança | 160

5. **Educação do campo e produção de conhecimentos geográficos | 175**
   - 5.1 Educação do campo e geografia | 177
   - 5.2 Espaço geográfico | 182
   - 5.3 Paisagem | 184
   - 5.4 Lugar | 192
   - 5.5 Região | 193
   - 5.6 Território | 197

6. Relações entre campo e cidade | 211

6.1 A relação entre campo e cidade e a questão
da renda | 213

6.2 Ensino da geografia e suas perspectivas | 218

6.3 Concepções educacionais, intenção política e vínculo
teórico prático | 226

6.4 A escola como espaço de diálogo
e de contraponto | 235

6.5 Os saberes tradicionais e a construção
da cartografia | 237

6.6 Ensino da geografia e pesquisa | 244

Considerações finais | *255*

Referências | *259*

Bibliografia comentada | *275*

Respostas | *283*

Sobre os autores | *285*

Prefácio

Os autores desta obra consideram a educação, a chave transformadora da sociedade, tecendo valiosas reflexões, sobretudo diante dos contextos político, econômico e social em que estamos vivendo. Afinal, como dar conta da complexidade histórica de desigualdades em que se encontra o Brasil? O país conta com território extenso e terras agricultáveis, mas, paradoxalmente, ainda existe fome. Trata-se, inclusive, de um tema elucidado por Josué de Castro, em sua obra *Geografia da fome: o dilema brasileiro,* pão ou aço.

O estudo da agricultura é essencial para a humanidade, que, na maior parte das vezes, procura aumentar a produção para sua subsistência. Também tem ampla relevância para o comércio, em âmbito global de desenvolvimento. Nesse sentido, a questão do espaço é essencial, e áreas específicas, consideradas mais desenvolvidas para a agricultura, são submetidas à reorganização ambiental, social e econômica, tendo em vista sua forma de ocupação.

No Brasil, conflitos sociais no campo desde sempre sinalizam o desenvolvimento e o processo de ocupação, começando pelos indígenas, que foram massacrados pelos colonizadores durante a busca pela conquista do território. Nesse caso, espaço e tempo passaram a ser mensurados em valor econômico.

Em situação simultânea à luta dos índios, escravos chegavam por meio de navios negreiros e eram aprisionados. Alguns conseguiam fugir e encontravam nos quilombos abrigos de luta contra os fazendeiros, que cometiam atrocidades em seus redutos. Muitas vezes, quando se capturavam os fugitivos, estes eram duramente açoitados na fazenda. Mesmo o fim da escravidão em 1888, por meio da Lei Áurea, não foi suficiente para remover as injustiças sociais.

Ainda nesse contexto, é possível citar a Região Nordeste, que foi marcada pela luta de Canudos, no sertão da Bahia, por aproximadamente um ano, tendo envolvido camponeses e militares.

A Guerra do Contestado, por sua vez, ocorreu no Sul do Brasil, entre os Estados do Paraná e de Santa Catarina. Foi uma guerra camponesa que resistiu por, aproximadamente, quatro anos, de 1912 a 1916, deixando muitos mortos.

Esses processos combativos demonstram que os trabalhadores do campo organizavam movimentos sociais de luta pela terra e por relações de trabalho adequadas.

Nessa linha, o século XX trouxe ainda mais exemplos desse tipo de luta, como a Revolta de Trombas e Formoso, em Goiás, Porecatu, no Paraná, e a Liga Camponesa, especialmente no Nordeste.

Em 1954, as chamadas *ligas camponesas* nasceram no Estado de Pernambuco. Tratava-se da organização de milhares de trabalhadores rurais que viviam como parceiros ou arrendatários, sobretudo no Nordeste, tendo como foco a reforma agrária contra a estrutura latifundiária do país.

O movimento das ligas deve ser entendido como uma manifestação nacional marcado por tensões, injustiças e grandes desigualdades do desenvolvimento capitalista do Brasil. Salienta-se que, com a orientação do Partido Comunista, foi criado, em 1954, na cidade de São Paulo, a União dos Lavradores e Trabalhadores Agrícolas do Brasil, com a função de coordenar as associações camponesas existentes. Nesse cenário, o número de greves crescia, assim como o número de registros de assassinatos das lideranças dos trabalhadores.

Perseguições, prisões e assassinatos no campo aumentaram muito quando o movimento militar de 1964 assumiu a liderança política do país. Houve a desarticulação das ligas camponesas, conforme aponta o geógrafo Ariovaldo Umbelino de Oliveira no livro *A geografia das lutas no campo*, em que considera dados levantados em dossiês.

Em 1984, foi fundado o Movimento dos Trabalhadores Rurais Sem Terra, que organiza, atualmente, em escala nacional, os acampamentos como forma de luta pela terra.

Na década de 1970, o geógrafo Yves Lacoste chamou atenção para a obra *A geografia: isso serve, em primeiro lugar, para fazer a guerra*. O livro se mostrava condizente com a corrente que propunha o rompimento da neutralidade científica para tornar a geografia uma ciência com viés crítico radical à sociedade capitalista, por meio de estudos e análises da ocupação do espaço e das formas de apropriação da natureza – a geografia crítica.

O pensamento crítico na geografia foi fundamental, sobretudo, por meio da geografia agrária, que já tinha preocupação com os movimentos sociais e se posicionava pelos direitos civis e sociais dos cidadãos e pelo acesso à terra.

A geografia crítica defende a mudança do ensino ao estabelecer uma educação questionadora. Ensinar geografia de forma crítica é um dos grandes desafios da educação diante das desigualdades existentes na sociedade.

Este prefácio, oportunamente, com o mestre Paulo Freire (1982, p. 89), quando este diz: "seria uma atitude ingênua esperar que as classes dominantes desenvolvessem uma forma de educação que proporcionasse às classes dominadas perceber as injustiças sociais de maneira crítica".

Marcia Maria Fernandes de Oliveira

Apresentação

Nesta obra, pretendemos revelar os caminhos, os caminhantes, os processos e os percursos que constituíram e constituem a educação do campo e a educação popular. Nesse contexto, a geografia também entra em cena, evidenciando elementos que possibilitam pensar as dimensões do ensino e as próprias categorias geográficas.

Há uma política de "esquecimento" adotada pelos governos com relação a essa temática. Justamente por isso, nosso intuito é o de promover um diálogo nas escolas, com educadores e educadoras, com a comunidade e com os sujeitos que fazem história em um projeto popular de educação.

De fato, nos últimos 20 anos, essa discussão tem instigado muitos colegas a elaborar ensaios teóricos, no sentido de construir conhecimento que estejam vinculados a valores, à identidade e à cultura das populações do campo.

Somos três autores apaixonados pela educação. Inspirados em Paulo Freire, acreditamos na educação como prática de liberdade e, portanto, em sua força como um dos agentes da transformação social. Nossa visão de mundo e, portanto, a que se revela ao longo de nossos escritos, constitui-se na perspectiva dialética. Assim, compreendemos que a história não é, mas está sendo. Portanto, a explicação do que somos, do que é a educação e de como agimos não parte de um vazio, mas sim de uma construção histórica, atravessada por interesses e intencionalidades políticas.

Com vistas a possibilitar a você uma trama de conceitos e informações, desenvolvemos este livro em seis capítulos. Por meio deles, procuramos evidenciar os movimentos constituintes do processo histórico, que envolve conceitos distintos, como *educação do campo, educação popular* e *educação comunitária*, além de refletirmos sobre seus diálogos com a geografia e o ensino.

No Capítulo 1, abordamos os processos que levaram à invisibilidade da educação rural no Brasil Colônia. Procuramos demonstrar a necessidade da organização do ensino rural, deflagrado pela instalação das primeiras indústrias, modernização da agricultura, intensificação do êxodo rural e manutenção do modelo monocultor latifundiário. Tratamos também do caráter de submissão na relação rural-urbano e de seus reflexos na educação rural. Além disso, examinamos a implantação de programas e projetos na educação rural, muitos vinculados à influência norte-americana. Discutimos, ainda, assuntos ligados à questão agrária ao lado da constituição dos movimentos sociais na luta pela terra e pela redemocratização do país.

No Capítulo 2, identificamos os sujeitos do campo, compreendendo suas especificidades e necessidades. Em seguida, buscamos explicitar que, para atender à demanda dos sujeitos do campo, é preciso existir um projeto pedagógico integrado que envolva a comunidade local, a escola, os educadores e as educadoras do campo. Nessa construção, apresentamos as políticas públicas conquistadas pelos movimentos sociais. Ainda, indicamos alguns textos que servem como base para estudo e aprofundamento.

No Capítulo 3, analisamos os contextos histórico e político em que surgiu ou se reconheceu a educação popular. Esclarecemos as concepções de educação popular e de cultura popular, bem como suas relações. Avançamos, então, para explorar as possibilidades da construção de conhecimentos na educação do campo. Para tanto, percorremos parte do cenário histórico global e local que envolve a educação popular. A mesma trajetória realizamos com a cultura popular, culminando com o diálogo entre ambas como possibilidade de construção de conhecimentos, buscando situar o campo pedagógico do educador na relação com os sujeitos do campo.

No Capítulo 4, abordamos o papel do educador do campo. Iniciamos com a retomada do conceito de educação do campo e prosseguimos com a aproximação da educação popular ao saber da comunidade, o que fornece elementos para definir a educação comunitária. Além disso, procuramos estabelecer a relação dialética entre a educação e a participação comunitária. Então, problematizamos o papel do educador do campo e sua responsabilidade em um processo de mudança.

No Capítulo 5, iniciamos alguns diálogos com a geografia. Em um primeiro momento, identificamos a geografia como uma ciência que contribui para a construção da educação do campo. Com base nesse diálogo, buscamos determinar o espaço geográfico como a junção de elementos físicos, sociais e culturais. Nesse contexto, o intuito é reconhecer as diferentes paisagens e a categoria de lugar e região sob a perspectiva da educação do campo. Por fim, retomamos a questão do território como espaço de disputa, de paixões, de poder, de diversidade, de relações culturais e de diálogos.

No Capítulo 6, investigamos a geografia como ciência inserida na história da humanidade. Apresentamos e discutimos alguns paradigmas importantes para a compreensão da caminhada da geografia no ensino. Nosso objetivo é o de demonstrar que a escola se insere nesse processo como espaço de diálogo e de contraponto entre o conhecimento sistematizado e o conhecimento do cotidiano popular. O professor de geografia precisa estar atento ao estudo e à leitura, além de fazer reflexões, questionar, perguntar, não se conformar com situações naturalizadas pela sociedade capitalista. Portanto, entendemos que a geografia tem uma importante função, que é mediar uma leitura crítica da sociedade.

Ao final dos capítulos, você encontrará provocações nas atividades de reflexão, que servem para estabelecer um diálogo com o texto e, sobretudo, com a realidade de educador e educadora. Pretendemos, com isso, instigá-los a realizar pesquisas, teses, dissertações, trabalhos de conclusão de curso que mostrem a contradição existente no campo e na luta dos movimentos sociais para consolidar a educação do campo como um projeto de educação popular e comunitária.

Neste livro, procuramos refletir sobre essa questão na ânsia de responder por que é tão difícil garantir o direito à educação pública de caráter libertador. Esperamos que você também pense nisso!

Boa leitura a todos e a todas!

Organização didático-pedagógica

Esta seção tem a finalidade de apresentar os recursos de aprendizagem utilizados no decorrer da obra, de modo a evidenciar os aspectos didático-pedagógicos que nortearam o planejamento do material e como o aluno/leitor pode tirar o melhor proveito dos conteúdos para seu aprendizado.

Introdução do capítulo
Logo na abertura do capítulo, você é informado a respeito dos conteúdos que nele serão abordados, bem como dos objetivos que os autores pretendem alcançar.

Síntese
Você conta, nesta seção, com um recurso que o instigará a fazer uma reflexão sobre os conteúdos estudados, de modo a contribuir para que as conclusões a que você chegou sejam reafirmadas ou redefinidas.

Indicações culturais

Nesta seção, os autores oferecem algumas indicações de livros, filmes ou *sites* que podem ajudá-lo a refletir sobre os conteúdos estudados e permitir o aprofundamento em seu processo de aprendizagem.

Atividades de autoavaliação

Com estas questões objetivas, você tem a oportunidade de verificar o grau de assimilação dos conceitos examinados, motivando-se a progredir em seus estudos e a se preparar para outras atividades avaliativas.

Atividades de aprendizagem

Aqui você dispõe de questões cujo objetivo é levá-lo a analisar criticamente determinado assunto e aproximar conhecimentos teóricos e práticos.

Preste atenção!

Nesta seção, você confere informações complementares a respeito do assunto que está sendo tratado.

Importante!

Algumas das informações mais importantes da obra aparecem nesta seção. Aproveite para fazer sua própria reflexão sobre os conteúdos apresentados.

Estudo de caso

Nesta seção, são apresentadas situações que se ligam ao conteúdo abordado, tendo como objetivo incentivar a aplicação do que foi lido à prática profissional.

Bibliografia comentada

Nesta seção, você encontra comentários acerca de algumas obras de referência para o estudo dos temas examinados.

I
Da educação rural aos caminhos para educação do campo

No percurso deste primeiro capítulo, vamos dialogar acerca do processo histórico da educação rural, buscando elementos que possibilitem o entendimento de sua transição para o conceito de educação do campo. Também analisaremos a influência do capital internacional na organização e na concepção da educação rural, vinculando a esse processo o protagonismo dos movimentos sociais para que a educação seja "no" – e também "do" – campo. Ainda, ressaltaremos algumas demandas como partes integrantes do espaço de luta da educação do campo, como a reforma agrária, as políticas públicas e a ampliação do acesso à educação pelos sujeitos do campo. Além disso, destacamos que será preciso ter em mente a importância desses espaços de luta para a consolidação da identidade da educação do campo.

1.1 Recorte histórico e raízes da educação rural

A questão agrária no Brasil tem uma relação ontológica com seu desenvolvimento como país, isso porque "as matrizes culturais estão vinculadas a uma economia agrária apoiada no latifúndio e no trabalho escravo" (Brasil, 2002a, p. 2). Diante dessa lógica, "a educação rural no Brasil colonial não é mencionada na Constituição de 1824 e 1891" (Brasil, 2002a, p. 2), ocorrendo apenas uma alusão à instrução primária e gratuita aos ditos *cidadãos*, mesmo com o surgimento do ensino rural no Segundo Império (Calazans, 1993).

Preste atenção!

Os *cidadãos* na primeira Constituição, em 1824, eram os brasileiros que não estavam na condição de escravos. Com a Lei Eleitoral de 1881, só poderiam votar as pessoas que soubessem ler e escrever (Brasil, 1881).

O fato é que o ensino rural surgiu como uma necessidade do modelo agroindustrial, direcionado para a capacitação da mão de obra, ou seja, a profissionalização do campo de forma a atender às necessidades do mercado instalado na época.

Conforme afirma Leite (1999, p. 14),

> a educação rural no Brasil, por motivos socioculturais, sempre foi relegada a planos inferiores e teve por retaguarda ideológica o elitismo acentuado do processo educacional [...] e a interpretação político-ideológica da oligarquia agrária e repetida no senso comum, conhecida popularmente na expressão: "gente da roça não carece de estudos. Isso é coisa de gente da cidade".

Hoeller (2017, p. 1170) reitera essa afirmação, apontando o início da dicotomia campo-cidade. Nesse sentido, o que se denominou, em 1930, de *ruralismo pedagógico*, tinha como missão tentar resolver os inchaços das cidades, com vistas a que o sujeito do campo permanecesse na terra. Como ressalta Prado (1995), essas iniciativas buscavam atrelar a concepção de que educar era fixar e adaptar o homem à terra.

O caminho para desenvolver a compreensão, a discussão e a reflexão desse processo está fundamentado no movimento contraditório da realidade sob a perspectiva histórica da educação rural e a concepção de educação do campo, o que determina as ações concretizadas, como as políticas públicas.

Preste atenção!

Destacamos, aqui, a importância do processo histórico da educação rural, uma vez que reúne elementos que possibilitaram a transição para a educação do campo. Nesse contexto, amplia-se a reflexão sobre a influência do capital internacional na organização e na concepção da educação rural, bem como na relação rural-urbano. Além disso, há aspectos que revelam o protagonismo dos movimentos sociais para que a educação seja "no" e "do" campo. Isso coloca a reforma agrária e as políticas públicas como espaço de luta e disputas.

A educação no Brasil Império se destinava a poucos privilegiados, que estavam diretamente ligados às oligarquias escravocratas ou que eram beneficiados pela coroa portuguesa. De fato, alguns documentos da época evidenciam o fato de que a educação brasileira teria ligações com o rural, principalmente pela característica agrária do país no século XIX, que envolvia a produção e o comércio de exportação (Hoeller, 2017). Souza (1950) esclarece que isso aconteceu em algumas reformas realizadas pelo império no governo de Dom João VI. De acordo com o autor, "no primeiro grau da instrução pública se ensinariam aqueles conhecimentos que a todos são necessários, e no segundo grau, todos os conhecimentos que são essenciais aos agricultores, aos artistas e aos comerciantes" (Souza, 1950, p. 1098).

Importante!

Na última reforma da monarquia, o Decreto n. 7.247, de 19 de abril de 1879 estabeleceu que o ensino nas escolas primárias de 2º grau daria continuidade ao desenvolvimento das disciplinas ensinadas no 1º grau, incluindo outras ali especificadas, entre elas, o ensino de princípios de lavoura e horticultura, na Escola Normal. Isso revela uma preocupação com a formação dos professores, sob a perspectiva de um Brasil rural.

Observamos que, além da inserção dos aspectos rurais nas reformas da educação, houve indícios da influência norte-americana no fim do século XIX. Nesse momento, o então presidente Franklin Roosevelt utilizou-se da

> Doutrina Monroe como um Corolário, mediante o qual racionalizou o direito de intervir em outros Estados latino-americanos... Esta doutrina, sintetizada no lema "a América para os americanos", passara a funcionar, a partir do final do século XIX, como cobertura ideológica para objetivo estratégico dos Estados Unidos, que consistia em manter sua hegemonia sobre todo o Hemisfério Ocidental, conquistar e assegurar as fontes de matéria-prima e os mercados da América do Sul para as suas manufaturas,... Daí a proposta para formar com os Estados latino-americanos uma comunidade comercial, uma espécie de união aduaneira, apresentada durante a 1ª Conferência Pan-Americana, instalada em Washington, em novembro de 1889. (Bandeira, 2008, p. 13)

A intervenção americana que se materializa no Brasil, também por meio da educação, foi criticada por alguns intelectuais, como Rui Barbosa. No artigo do jornal *A Imprensa*, em 1899, ele declarou que os princípios da Doutrina Monroe "nunca exprimiram senão um interesse dos Estados Unidos, nunca encerraram compromisso nenhum, por parte deles, a favor dos povos sul-americanos" (Barbosa, 1889, p. 55).

Acontece que, momentos antes, com a libertação dos escravos em 1888, o Brasil havia sofrido uma reorganização de suas forças produtivas. Como afirma Hoeller (2017, p. 1170-1171, citado por Mendonça, 2010), isso causou desconforto para as oligarquias,

> gerando uma crise e um rearranjo político. Assim, com a primeira república o país tem uma formação de um quadro de forças políticas que eram representados pela Sociedade Paulista de Agricultura (SPA), um núcleo da cafeicultura de São Paulo e a Sociedade Nacional de Agricultura (SNA), que contemplava outros ramos da agricultura, mas que estava vinculada ao eixo Nordeste/Sul/Sudeste. Esse último grupo fragilizado, pois não encontrava espaço no mercado.

Nesse panorama, dois segmentos geraram caminhos para a solução da crise de forma diferenciada. O primeiro deles, "a SPA, apostava na entrada dos imigrantes italianos financiados pelo Estado e na disponibilidade de crédito. A SNA, defendia a criação de um Ministério da Agricultura e a diversificação agrícola no que cabe à exportação" (Hoeller, 2017, p. 1171, citado por Mendonça, 2010).

A SNA disputava um espaço na política nacional, dominada pelo grupo paulista. O Ministério da Agricultura, para a SNA, representaria a alternativa na Primeira República para projetar as propostas ligadas à produção. Com isso, o Ministério da Agricultura, Indústria e Comércio (Maic) foi criado em 1909, sob o controle a influência da SNA.

Uma das primeiras posições do Maic foi criar alternativas para a falta de mão de obra na agricultura, e "a SNA postularia uma solução menos dispendiosa da mão de obra no campo: a utilização do chamado trabalhador nacional, a ser construído pela intervenção estatal, via educação" (Mendonça, 2010, p. 26). O trabalhador livre passou, assim, a ser o alvo das intervenções estatais, preservando a concentração fundiária do país. Nesse momento, ficaram explícitas as contradições do campo, pois, segundo Mendonça (2010, p. 27), "definiam-se os parâmetros que subordinavam a arregimentação de trabalhadores rurais". Isso aconteceria, segundo ele, "mediante a incorporação de todos os elementos tidos como 'marginais a nação'".

> Os caboclos, mulatos e negros, recém-egressos da escravidão, seriam os atores sociais conotados pela noção de "trabalhador nacional". Nessas circunstâncias, as práticas educacionais oficiais, tidas como fundamentalmente "qualificadoras" de mão de obra, revelariam o poder de repressão, baseando-se em iniciativas imobilizadoras do homem do campo, impedindo o êxodo rural e satisfazendo o interesse dos grupos ligados ao SNA. (Mendonça, 2010, p. 27)

A qualificação do trabalhador nacional acabou desembocando nas raízes do ensino profissionalizante, mas que se vincula no período pós-Primeira Guerra a uma política de alfabetização, derivada da crise da exportação do café. Revelou-se, assim, certa urgência em qualificar o trabalhador urbano e aqueles que migravam do rural, principalmente para servir de mão de obra para as primeiras indústrias. Dessa forma, surgiu uma demanda por educação que começa a dar corpo a uma crise educacional (Romanelli, 1986).

Além disso, após a Primeira Guerra Mundial, houve uma transferência de capitais da agricultura para a indústria. O país contava com vastos cafezais na região de São Paulo, mas "em 1920 irrompe na crise mundial que irá afetar seriamente as estruturas econômicas dependentes" (Sodré, 1981, p. 13), como a oligarquia cafeeira exportadora que era altamente dependente. Ocorreu, então, um estímulo ao desenvolvimento das indústrias.

Com a consolidação da crise, houve um avanço do sistema imperialista entre 1919 e 1922, ou seja, entrou capital de investimento estrangeiro vinculados à indústria. Conforme afirma Sodré (1981, p. 15), "o governo brasileiro concede favores a investimentos estrangeiros [...] Agora são a belgo mineira e a anglo brasileira Iron and Steel Syndicate". Surgiu, também, a Electric Bond and Share, sob o nome de *Empresas Elétricas Brasileiras*.

Portanto, apesar do capital estrangeiro que entrou no Brasil, houve uma saída muito maior desse capital pelas importações, fazendo com que o governo começasse a fazer empréstimos externos. "Em 1921, tomou o primeiro empréstimo em dólares – 50 milhões, prazo de 20 anos, juros de 9%, condições pesadíssimas" (Sodré, 1981, p. 16).

Importante!

Esse cenário da formação das primeiras indústrias estimulou o movimento migratório do campo para os grandes centros urbanos, a exemplo de São Paulo, com o deslocamento oriundo, principalmente, da Região Nordeste, que, em muitos momentos, foi afetada pela seca.

A concentração de terras permanecia e a população camponesa via no processo de industrialização alternativas de sobrevivência, configurando o que se denomina *êxodo rural*. Camini (2009, p. 83) ressalta esse movimento que se fundamentava na "expropriação da terra e proletarização da população, já iniciadas nas primeiras décadas do século XX, acompanhado de projetos de urbanização e industrialização, expulsou um significativo número de pessoas para as grandes cidades".

Podemos, ainda, acrescentar que a expulsão do camponês da terra deu origem a uma massa de mão de obra que não encontrava na cidade uma alternativa de trabalho e continuava no campo exercendo a função de boia-fria[i]. Trata-se da formação que Ianni (1984) denomina *proletariado rural*.

Mennucci (2006, p. 71), apresenta, em conjunto com Sodré (1981) e Camini (2009), a situação do êxodo rural de forma clara:

> Compreendo que esse sorriso não vem da mofa ou do motejo e brota, ao contrário, da verificação de inúmeros casos de êxodo dos campos, sucedidos com famílias proprietárias de terras. Ou se desfazem da sua posse ou as entregam à meação ou ao arrendamento, contanto que as possam abandonar para poder engrossar as fileiras dos que demandam as cidades. O êxodo rural, portanto, é um fenômeno que sobrepaira às preocupações e aos argumentos de feição tipicamente econômica. A simples posse da terra não destrói o estado de espírito reinante, que é o encanto, a paixão pela cidade.

---

i. Denomina-se *boia-fria* os trabalhadores rurais que não possuem terra para sua subsistência e vendem sua força de trabalho aos latifundiários. Os cortadores de cana são exemplo de boias-frias. Isso acarreta as mudanças de cidade em cidade à procura de trabalho.

Preste atenção!

É comum que, em momentos de crise, sinalize-se a necessidade de educação como um dos caminhos de solução da questão social (Romanelli, 1986). Isso pode acontecer por meio da campanha de alfabetização, que se configura na centralidade, mas com a disponibilização de poucos recursos, fazendo com que os "entusiasmos pela educação[ii]" passem a ser "otimismos pedagógicos" (Mendonça, 2010, p. 18).

Durante a década de 1920 a 1930, a conjuntura educacional brasileira foi marcada por um campo de disputas entre escola alfabetizadora e escola integral. É nesta última que a Associação Brasileira de Educação (ABE) coloca sua nova vertente, representada pelo Movimento da Escola Nova, expresso no documento Manifesto da Escola Nova de 1932. Ele "forjaria o lema escolanovista do 'educar para a vida', cujo sentido consistia em adaptar a escola ao meio no qual o aluno estivesse inserido, combatendo frontalmente a escola meramente alfabetizadora" (Mendonça, 2010, p. 30).

Importante!

O sentido de campanhas meramente alfabetizadoras era promover o descolamento em razão de questões políticas, sociais e econômicas da formação.

---

ii. A expressão *entusiasmo pela educação* tem o sentido de colocar a educação como principal problema, do qual outros seriam derivados. Quando se torna *otimismo pedagógico*, refere-se à formação técnica despolitizada.

Mennucci (1934, p. 47) traz a situação das escolas chamadas de *alfabetizadoras* encampadas pelo Estado:

> As classes primárias transformaram-se em polvos sugadores da energia rural, porque envenenam a alma dos filhos dos nossos lavradores, criando-lhes no íntimo a enganosa e perigosa miragem da cidade. O alfabeto, em vez de ser um auxiliar, um amparo, um sustentador da lavoura, virou um tóxico poderosíssimo e violento. Põe na cabeça da juventude aldeã o desejo louco de aprender para se libertar do fardo agrícola. Como se explica o imprevisto fenômeno? Facilmente: levamos às regiões do campo uma organização escolar que está profundamente, visceralmente eivada do preconceito urbanista. São simples "escolas de cidade" implantadas ou enxertadas à força em núcleos rurais. Trazem, apesar do vistoso aparato cultural com que se apresentam, uma irraciocinada animosidade contra tudo o que relembra o trabalho dos campos, resíduo ainda da campanha abolicionista, e que transparece no desdém superior e absoluto com que as escolas ignoram os labores rurais.

A própria ABE, na década de 1940, ficou dividida entre: o ruralismo pedagógico, defendido pela classe ruralista dominante, e os princípios defendidos pela Escola Nova[iii].

Mais um ponto importante foi a influência internacional na educação. "Após a primeira guerra, a educação também passa a ser parte

---

iii. Para saber mais sobre a Escola Nova, confira: Manifesto..., 2010.

da agenda de discussão para os norte-americanos, na *Education Policies Commission*, dos Estados Unidos" (Inep, 1944, p. 61). Nela, encontram-se representadas a Associação Nacional de Administradores Escolares e a Associação Nacional de Educação, dois organismos de poderosa influência na vida pedagógica norte-americana.

Algumas publicações chegam ao Brasil intituladas *A educação é a paz dos povos*. Nelas, a Comissão expõe a respeito do papel internacional da educação (Hoeller, 2017, citado por Mendonça, 2010, p. 1172).

Vemos, assim, que a educação rural também esteve presente em discussões internacionais, como, por exemplo: em 1936, a Organização das Nações Unidas (ONU) fazia recomendações para a educação, para a ciência, para a cultura (Unesco)[iv] e para a educação rural (Hoeller, 2017, citado por Mendonça, 2010, p. 1172), "recommendation n. 8, concerningthe" e "Organization of Rural Education" (Unesco, 1979, p. 37).

> Há em vários pontos, diversas recomendações a instrução pública, mas chama a atenção que no ponto 1 coloca "that it should be na accepted principle that the education given to the children in rural school should not be in any way inferior to that given to the children in urban school, and that it shuod permit them to pass into secondary shools" (UNESCO, 1934-1977, p. 37), que a educação rural não deve ser inferior a educação urbana e que as crianças da zona rural devem ter acesso também ao ensino médio. (Hoeller, 2017, citado por Mendonça, 2010, p. 1172)

---

iv.   A Organização das Nações Unidas para a Educação, a Ciência e a Cultura (Unesco) só se configura como organização após a Segunda Guerra Mundial. Antes disso, um grupo de países se reunia para discutir assuntos de interesse das nações dominantes. Em muitos momentos, as pautas eram de intencionalidade americana.

Como também elucida Miguel (2011, p. 3), referindo-se ao mesmo documento:

> na Recomendação nº 8 concernente à Organização do Ensino Rural, fazia várias recomendações aos Ministérios da Instrução Pública que orientaram o ensino rural também no Brasil. Dentre elas, a de que fosse assegurado o mesmo nível de qualidade de educação para as zonas rurais como o proporcionado às escolas das zonas urbanas dando condições aos alunos das zonas rurais, quando da conclusão dos estudos, de acesso ao ensino médio.

Na Recomendação n. 47 de 1958, a Unesco se reporta novamente ao documento de 1936, ressaltando as oportunidades de acesso ao conhecimento para as crianças da zona rural, com as inovações das comunicações e do transporte, que deveriam ser as mesmas oportunizadas para a zona urbana. Diz-se que "considerando o crescimento do país, com o modo de vida urbano, especialmente onde foram introduzidos melhores métodos de transporte e técnicas de comunicação, torna-se imperativo dar às crianças rurais oportunidades educacionais iguais àquelas oferecidas às crianças urbanas" (Unesco, 1979, p. 212, tradução nossa).

Outro documento também faz alusão aos mesmos itens citados pela Unesco, mas aplicados ano contexto de pós-Segunda Guerra Mundial e intitulado *Educação para a segurança internacional*.

Esses trechos de discussão são apenas alguns documentos que retratam a orientação internacional, traduzida pela Unesco na educação brasileira, mas com clara intencionalidade americana, especificamente na zona rural, que tem impulso com os adventos do pós-guerra. É possível perceber, então, que os Estados Unidos se movimentavam já no sentido de consolidação como nação e potência ocidental na sociedade capitalista. Nessa perspectiva, a América Latina era o campo de exploração e de reserva para o crescimento norte-americano.

Essa influência perpassa todo o processo educacional, inclusive com vínculos a instituições criadas com intuito de executar programas e projetos de interesse internacional.

1.2 A influência do Ministério da Agricultura na educação rural e os vínculos com a reforma agrária

A educação rural esteve, em muitos momentos do processo histórico, vinculada e organizada pelo Ministério da Agricultura, mas na intenção de arregimentação de trabalhadores, tendo em vista a preocupação do Estado com a segurança nacional. Os latifúndios estavam na mão de uma oligarquia agrária defendida pelo Estado, sendo intenção deste dificultar o acesso à terra pelos trabalhadores rurais e os chamados *trabalhadores nacionais*. Isso protegeria a classe dominante de possíveis confrontos pela luta da terra.

Para justificar a necessidade de educação e treinamento para os camponeses, atribuía-se ao trabalhador rural a rotulagem de *atrasado* e *improdutivo*, pois, em um país agrário no início do século XX, as relações no campo eram de subsistência[v]. Para resolver tal situação, o Maic fez uma intervenção "pedagógica", com o seguinte caminho:

---

v. As relações de subsistência no início do século XX envolviam plantar para comer, com venda do excedente. Não havia um caráter de comercialização como algo determinante.

> redistribuir e fixar o trabalhador nacional, tendo como tradução institucional o Serviço de Ensino Agronômico (SEA), concebido com base no modelo norte-americano. Instalado juntamente com o MAIC, o SEA destinava-se a conferir ao ensino o papel da mola propulsora da "modernização" da agricultura. (Mendonça, 2010, p. 33)

Juntamente ao SEA, o Ministério da Agricultura materializou duas instituições para fixar o trabalhador nacional no campo. Eram elas: **aprendizados agrícolas** (AAs) e **patronatos agrícolas** (PAs), responsáveis pela preparação de trabalhadores aptos ao manejo de máquinas e técnicas modernas de cultivo. Ensinava-se, sobretudo, seu valor econômico, tendo como base o modelo americano, que também investia para que esse incentivo se concretizasse.

A primeira instituição, AAs, era um curso de dois anos para oferecer métodos de produção com o solo, de criação animal e de noções de higiene, além de utilização de implementos agrícolas, destinados aos jovens de 14 a 18 anos, filhos de agricultores. Já a segunda instituição, PAs, foi criada logo após a Primeira Guerra Mundial. Seu intuito era fazer a profilaxia dos centros urbanos, composta por órfãos de 10 a 16 anos, que eram habilitados a trabalhar com horticultura, jardinagem, entre outras especialidades. De acordo com Mendonça (2010, p. 36):

> os patronatos eram alternativas as instituições prisionais urbanas [...] produziriam um outro tipo de detento terapeuticamente adestrado e disciplinado por essas "escolas de trabalho", tidas como capazes de "servirem de freio para tendências anárquicas" atribuídas ao novo ator social do período: o proletariado.

Importante!

Mais tarde, os patronatos transformaram-se em casas de acolhimento ao menor, integrando-se ao Ministério da Justiça e aos aprendizados agrícolas em cursos técnicos (Mendonça, 2010).

Já o **ensino superior agrícola** data do tempo de D. João VI, quando o Brasil era chamado de *Reino Unido de Portugal*, com a criação da escola da Bahia, em 1875, que mais tarde transformou-se na primeira Escola Superior de Agricultura. "Na sequência surgem diversas escolas no período de 1910 a 1930, que tinham o objetivo de atender a uma demanda local e depois foram federalizadas" (Szmrecsányi; Queda, 1976, p. 222). A regulamentação do ensino superior foi feita pelo Decreto n. 9.857.

Para educadores como Almeida Junior (1944, p. 31), existe a marcação de dois polos na educação rural. O primeiro visa converter a escola primária em escola profissional, o segundo prefere mantê-las como simples educação primária, seguindo o mesmo modelo de educação oferecida para as escolas da zona urbana.

Seguindo o primeiro ponto de vista, "o objetivo essencial do mestre da roça está constituído em fazer da criança um trabalhador agrícola, desde cedo especializado nas fainas rurais, e definitivamente vinculado ao campo" (Almeida Junior, 1944, p. 31). O segundo viés busca dar os conhecimentos necessários à base educacional comum da zona urbana, o que propicia que o sujeito possa circular livremente do campo para cidade.

Contudo, há também contradições entre as correntes de pensamento:

> Seguindo a primeira corrente, a escola primária da zona rural, idêntica nos objetivos à da zona urbana,

não poderá ter (como esta não tem) qualquer caráter vocacional, pois visará dar à criança a indispensável base de educação comum que, assimilando-a socialmente à coletividade humana, lhe permitirá, conforme os seus interesses futuros, circular livremente do campo para a cidade, ou vice-versa, e sem excessivo esforço, adaptar-se a esses dois ambientes. Para os do primeiro credo, ensinar ao menino da roça as coisas que usualmente se ensinam à criança urbana – ler e escrever, história e geografia – será apenas tolerável, senão pernicioso. O que convém é mostrar-lhe desde logo como se lavra a terra ou como se planta, como se criam galinhas ou como se faz o queijo. Para os outros, ao contrário, aqueles mesmos ensinamentos tomam a dignidade de técnicas e noções "fundamentais", ao passo que as atividades de caráter profissional, prematuras no curso primário, se adiam para depois deste. (Almeida Junior, 1944, p. 31-32)

De fato, trata-se de um contexto simplista de discussões que permeavam a educação rural, em que os sujeitos do campo praticamente não eram considerados nem ouvidos. No entanto, é possível constatar, por meio dos documentos, que era uma disputa entre a profissionalização do ensino e a formação generalista. O próprio educador Almeida Junior se posiciona contra a profissionalização da escola rural e, ainda, reporta-se a uma frase dos educadores americanos, que diz: "oportunidade igual para todos" (Almeida Junior, 1944, p. 32). O autor coloca as razões de sua posição no fato de que profissionalização "fere o princípio democrático, contraria a psicologia humana, prejudica o bem social" (Almeida Junior, 1944, p. 32).

Nessa disputa entre ensino regular e profissionalizante, em 1946, o Ministério da Educação e Saúde (MES) estabeleceu diretrizes para todo o ensino agrícola – Lei Orgânica do Ensino Agrícola (LOEA), forçando assim o Ministério da Agricultura a uma adaptação às normas previstas pelo MES.

Miguel (1997, p. 83), afirma que há uma confusão entre "a função da escola rural com o conceito que a acompanha, pois as escolas rurais, de mestre único, multisseriadas, fazem parte da história da educação brasileira, enquanto que as escolas rurais criadas [...]" para profissionalização do sujeito do campo, regulamentada pela LOEA, deveriam atender ao trabalhador rural, ampliando o aprendizado técnico. Observamos que a autora teve a intencionalidade de resolver o impasse criado na época, mas, ao estudar os documentos, percebemos que existia, e ainda existe, uma tensão entre os educadores, a sociedade capitalista e a própria educação. As pessoas que necessitam da educação rural continuavam excluídas do sistema educacional.

A educação rural na escola tinha como concepção inicial das ações governamentais a noção de atraso rural, que estava ligada à fase do desenvolvimento capitalista. O setor dominante, interessado em ampliar seu poder nas relações com o capital, por meio da utilização efetiva da terra, buscava na instituição do Estado uma forma de disponibilizar treinamento profissional. O objetivo era o de, pelos acordos internacionais, possibilitar ao trabalhador rural manejar as novas tecnologias que chegavam ao solo brasileiro, como as primeiras máquinas de aragem do solo, os fertilizantes, os agrotóxicos e as sementes híbridas. O Brasil importava todo um pacote americano de produção agrícola que o trabalhador rural não tinha conhecimento para manejar e, para isso, necessitava de um aprendizado técnico.

Disponibilizar a mesma escola primária de educação geral da zona urbana e criar centros de capacitação do trabalhador rural foram, de forma geral, ações para atender às necessidades do desenvolvimento do capital ligado aos grupos que possuíam a maior parte das terras no Brasil.

No contexto da segunda República, na Era Vargas, havia um início do enfraquecimento do nacionalismo em razão da internacionalização da economia brasileira. E, já na gestão de Juscelino Kubitschek, havia uma aceleração da expansão industrial (desenvolvimentismo), seguido da inserção definitiva do capital internacional. A burguesia se consolidava ao lado das relações capitalistas e, consequentemente, havia um agravamento da questão social e a formação volumosa do proletariado urbano e rural (Romanelli, 1986).

Ainda assim, o êxodo rural continuava a ser parte de um problema, o que levava o Estado Novo à formulação de programas e projetos. Novamente, a educação foi utilizada para resolver questões sociais oriundas do modo de produção capitalista. A preocupação com o ensino rural continuava, tanto que o assunto foi questão de discussão praticamente de todos os trabalhos publicados no VIII Congresso da ABE. Com o tema "provimento de escola para toda população em idade escolar e de escolas especiais para analfabetos em idade não escolar", foram alimentadas as políticas de Estado com as campanhas alfabetizadoras, principalmente de jovens e adultos.

Preste atenção!

De modo geral, os temas discutidos no VIII Congresso refletiam a conjuntura do Estado Novo. Isso porque: "Tema geral – educação primária fundamental: a) nas pequenas cidades e vilas do interior; b) na zona rural comum; c) nas zonas rurais de imigração; d) nas zonas do sertão" (ABE, 1944, p. 7).

Diante do quadro geral da educação no Brasil e do aparente atraso de nossa população, o presidente Vargas já estava em plena correspondência com os Estados Unidos e pronto a atender às expectativas destes, que tinham na educação seu maior viés. Dessa forma, foram estabelecidas missões de caráter técnico, como a Missão Cooke no Brasil, que sugeria "o estabelecimento nesse instante de missões, para exploração ordenada e mútua das necessidades técnicas e as perspectivas do Brasil com relação aos Estados Unidos [...]" (A Missão, 1942, p. 13).

O relatório enviado aos Estados Unidos trazia uma descrição detalhada dos problemas econômicos, educacionais, de transportes, de financiamento, industriais, elétricos, além de informações sobre combustível e petróleo. Apontava-se para a importância das missões técnicas, que traziam, em seu bojo, um grupo de americanos formados por pesquisadores e engenheiros, químicos, entre outros profissionais. Eles tinham a intenção de trazer soluções para os problemas brasileiros durante a Segunda Guerra Mundial.

Para a análise aqui proposta, o ponto do relatório que mais interessa é o da educação. Percebia-se que o governo brasileiro tinha a preocupação central técnica e especializada com a mão de obra, apresentando a necessidade da melhoria do ensino primário aos trabalhadores urbanos e ensino de rudimentos e artesanato à população do interior. Sugeria-se, ainda, um programa de bolsas de estudos oferecido pelos Estados Unidos a professores, assistentes brasileiros, técnicos especializados e recém-formados. O intuito era capacitar mão de obra nos Estados Unidos para voltar ao Brasil com a implementação de propostas americanas (A Missão..., 1942).

Preste atenção!

Com essa política de boa vizinhança, instalaram-se, no país, entidades privadas, como a Fundação Rockfeller e a Fundação Ford, que tinham o objetivo de financiar programas e projetos. O interesse relativo ao Brasil ocorria em razão do potencial de produção de matérias-primas para exportação.

I.3 Programas e projetos: da educação rural ao assistencialismo

Se pensarmos na entrada dos Estados Unidos na Segunda Guerra Mundial, deparamo-nos com um importante elemento que refletiu na América Latina: a preocupação com o fornecimento de matérias-primas. Nessa perspectiva, foi criado o Institute of

Inter-American Affairs (IIAA), dirigido por Rockfeller e que responderia pelos primeiros programas de assistência técnica voltados às questões de saúde, educação e agricultura da América Latina (Mendonça, 2010; Hoeller, 2017).

Assim, a partir de 1942, diversas ações provenientes dos acordos técnicos com os americanos entraram no Brasil. Entre eles estavam a Comissão Brasileiro-Americana de Óleos, com o objetivo de pesquisar e produzir sementes em larga escala, o acordo entre o Serviço de Informações Agrícolas Brasileiras e o Departamento de Estado dos Estados Unidos para produção de publicações de interesse. Havia, ainda, o Acordo de Cooperação Educacional, que tinha como alvo o aumento de gêneros alimentícios para o exército e o treinamento das populações do campo (Mendonça, 2010).

No que tange à educação rural para as populações do campo, foi firmado um acordo com o IIAA, destinado a implantar uma Comissão Brasileiro-Americana de Educação das Populações Rurais (CBAR), vinculada ao Ministério da Agricultura (Calazans, 1993; Mendonça, 2010). O acordo também sugeriu a adoção de missões rurais ao modelo mexicano[vi] (Hoeller, 2017, citado por Mendonça, 2010, p. 1173).

Assim, os acordos de cooperação entre Brasil e Estados Unidos foram diversos. Neste momento, destacamos alguns daqueles que apresentam importância direta para a educação rural:

» acordo entre Ministério da Agricultura e a Divisão de Educação do Institute of Inter American Affairs, de 1945, que originou o CBAR;

---

vi. As experiências das missões mexicanas chegaram ao Brasil sobre a cancela do Estado Novo e ancoradas no estudo do educador Lourenço Filho, que apresentou um Relatório ao Ministro da Educação e Saúde, em dezembro de 1951. Ele foi publicado na *Revista Brasileira de Estudos Pedagógicos* (jan./mar., 1952, n. 45), trazendo um amplo estudo sobre a educação rural no México. O estudo encomendado foi replicado no Brasil nas comunidades rurais, sobre a denominação *Missões culturais*.

» acordo entre o Instituto Nacional de Estudos Pedagógicos (INEP) do MES e o governo norte-americano, para a implantação do curso "Escola para o Brasil Rural", ministrado no Distrito Federal por docente norte-americano, em 1949;

» acordo que originou a Campanha de Educação de Adolescentes e Adultos (CEAA), em vigor de 1947 e 1963, tendo como vínculo as missões rurais na campanha de alfabetização e desenvolvimento comunitário;

» acordo firmado entre o governo norte-americano e o Ministério da Educação em 1950, para a criação da Campanha Nacional de Educação Rural (CNER);

» acordo de Cooperação Técnica para a Agricultura, em 1953, responsável pela criação do Escritório Técnico Brasileiro-Americano de Agricultura (ETA). Segundo Calazans (1993) e Mendonça (2010), era destinado a coordenar todas as intervenções públicas voltadas à agricultura e também à educação rural. Nesse sentido, "o ETA abriu diversos convênios, principalmente de crédito subsidiado, e na educação forneceria bolsas para qualificação dos quadros no Estados Unidos" (Hoeller, 2017, citado por Mendonça, 2010, p. 1174).

É interessante pautar essa discussão, pois ela traz, em seu bojo, o caráter assistencialista de preparação da mão de obra para atender a um modelo de produção capitalista que se estruturava no Brasil. A Comissão Brasileiro-Americana de Educação das Populações Rurais chegava com alguns subprogramas, como: a) os centros de treinamento que visavam preparar professores e operários rurais; b) os clubes agrícolas escolares que ficavam anexados às escolas primárias sob a tutela do Maic; c) as Semanas Ruralistas para divulgação de material entre campo e espaço urbano (Calazans, 1993; Mendonça, 2010; Hoeller, 2017). A educação rural se agregava a tais programas.

Não podemos deixar de lado o fato de que os programas instalados no Brasil logo após a Segunda Guerra também aconteciam em razão da preocupação com o avanço do comunismo. Desse modo, as ações tinham um aspecto de resistência e manutenção da segurança e da ordem cívica. Justifica-se, nessa linha, o curso Escola para o Brasil Rural, oferecido no Distrito Federal por professores americanos em 1949, como já citamos anteriormente.

O CNER foi um programa concebido pelo Seminário Interamericano de Educação de Adultos, realizado em Petrópolis, em 1949, por recomendação e patrocínio da Unesco e União Pan-Americana. Tinha representação tanto do Ministério da Agricultura quanto do Ministério da Educação. Na educação, Lourenço Filho estava na representação, principalmente pela experiência que já trazia de seus estudos das missões rurais mexicanas.

Cabe destacar, ainda, que, nesse Seminário, foi promulgada a tarefa ao Ministério de Agricultura e Educação de "indicar no plano nacional, diretrizes e técnicas de processos educativos e assistenciais visando a melhoria das condições econômicas e sociais do meio rural" (Lourenço Filho, 1952, p. 11). Na ocasião, foi encaminhada uma proposta ao professor Lourenço Filho para que iniciasse os trabalhos dessa natureza no Brasil.

O CNER acabou se configurando em diversas frentes nas comunidades rurais, como apresenta a *Revista do CNER* (Ministério da Educação e Cultura, 1959): os trabalhos eram realizados às populações diretamente pelas missões rurais e pelos centros sociais de comunidade. Indiretamente, isso acontecia por meio do preparo intensivo dos líderes e dirigentes comunitários, em organismos locais e regionais, que eram compostos por cursos e centros de treinamento de professores rurais, centros cooperativos de treinamento agrícola para jovens rurais, centros regionais audiovisuais, entre outros. Para a experiência pioneira, foi escolhido o município de Itaperuna, no Rio de Janeiro. O processo resultou no relatório denominado *Missões rurais de educação: experiência de Itaperuna* (Cabral, 1952).

O relatório das missões rurais de Itaperuna trouxe a composição da equipe, que era multidisciplinar, dividida em setores de agropecuária, médico-sanitarista, economia doméstica e serviço social. Essa divisão vinha ao encontro das necessidades impostas pelo Estado para a população rural. Havia, ainda, a descrição das condições da população rural de Itaperuna: falta de higiene, ausência de recreação para os jovens, autoestima e motivação baixas, entre outras. Esses elementos, que faziam parte do relato da equipe, compunham um quadro da situação em que se encontrava o povo do campo e retratavam os programas e projetos implantados até aquele momento. Ficava claro que não se conseguia vincular a realidade dos sujeitos à sua formação.

Percebemos que a conjuntura não sofreu mudanças, pois a mesma situação foi objeto das falas do VIII Congresso de Educação da ABE, quando se afirmou que "as escolas primárias são em número insuficiente para população infantil" (ABE, 1944, p. 31) e que a oferta era para apenas até a terceira série dos anos iniciais. Ficou evidente, também, que a zona rural necessitava de professores com formação, pois as moças que exerciam esse ofício não detinham qualificação para tanto.

Com a experiência de Itaperuna, criaram-se também, além do próprio CNER, o Serviço Social Rural (SSR), que passou a atuar em conjunto. Marca-se o caráter estritamente assistencialista do CNER vinculado à educação rural. Segundo Mendonça (2010), o CNER foi extinto, com todos os outros programas, em 1963, pois os resultados não deram o retorno esperando para o Estado, ou seja, as políticas públicas elaboradas e implantadas de cima para baixo, a partir do interesse do capital, desconsideravam a realidade do campo.

> **Importante!**
>
> Com a consolidação dos Estados Unidos como potência capitalista mundial, ficou claro o resultado dos movimentos de acordos bilaterais com o Brasil, que envolviam a educação rural, as produções industrial e tecnológica, além das matérias-primas, como os recursos naturais.

Pelo breve percurso histórico apresentado sobre a educação rural, abordamos os aspectos que geraram a dependência de um sistema econômico e sua vinculação aos grupos dominantes. Também discutimos algumas iniciativas educacionais, traduzidas no formato de programas e projetos, além de compreender como as populações do campo ficaram invisíveis como sujeitos e construtores de sua formação. Porém, os movimentos do campo, no pós-Segunda Guerra, associavam iniciativas de resistência que questionavam a posse e a utilização das terras, as condições do trabalhador rural e o modelo de educação adotado.

I.4 Movimentos sociais e a luta pela educação

O debate sobre a reforma agrária[vii] consolidava-se, e os latifúndios eram um obstáculo para o desenvolvimento, pois a população rural continuava marginalizada. O advento dos movimentos

---

vii. De acordo com a Lei n. 4.504, de 30 de novembro de 1964, "considera-se reforma agrária o conjunto de medidas que visem a promover melhor distribuição da terra, mediante modificações no regime de sua posse e uso, a fim de atender aos princípios de justiça social e ao aumento de produtividade" (Brasil, 1964).

sociais, a exemplo das ligas camponesas[viii], caracterizou-se, após a era Vargas, em uma organização que resulta no acirramento da luta pela terra. As ligas camponesas marcaram uma das primeiras iniciativas dos movimentos sociais em promover a reforma agrária no país.

> Nos anos 50, a emergência de ligas camponesas, de "associações", de uniões trouxeram à cena política a luta dos trabalhadores rurais, que impuseram seu reconhecimento à sociedade. Embora ainda localizadas e dispersas, essas lutas repercutiram fortemente nos centros de poder, fazendo da reforma agrária um importante eixo de discussão política. (Medeiros, 1989, p. 12)

Esse tipo de luta conduziu as oligarquias e o Estado a buscar frear esses movimentos, instaurando o golpe de 1964.

Ainda no âmbito da educação, no início da década de 1960, nasceram iniciativas voltadas à educação popular, com o foco em jovens e adultos. Elas foram promovidas pelos Centros Populares de Cultura (CPC) e pelo Movimento de Educação de Base (MEB). Ambos tiveram sua sustentação de base nas ligas camponesas e nos pensamentos de Paulo Freire, que produziu métodos de alfabetização emancipadores, além de questionar a extensão rural no livro *Extensão ou comunicação?*, lançado em 1969. Podemos dizer que essas propostas se configuraram como precursoras do movimento pela educação do campo, que se consolidou no final dos anos 1990.

---

viii. Movimento de luta pela terra, que teve início após 1945, com maior expressão no Nordeste brasileiro. Para saber mais, confira: Fernandes; Medeiros; Paulilo, 2009.

Preste atenção!

Os CPCs foram constituídos em 1962, no Rio de Janeiro, então Estado da Guanabara, por um grupo de intelectuais de esquerda em associação com a União Nacional dos Estudantes (UNE), com o objetivo de criar e divulgar uma "arte popular revolucionária" (Kornis, 2019).

Já a criação do MEB pretendia oferecer ao camponês uma educação que deveria ser considerada comunicação a serviço da transformação do mundo, tornando-o consciente da necessidade de uma reforma agrária (Paiva, 2015).

Com a ditadura militar, restaram alguns movimentos de resistência ligados ao campo e à educação, que, com o movimento da redemocratização (Chaui; Nogueira, 2007), iniciado por volta da década de 1980, auxiliaram na articulação da educação do campo. Entre esses movimentos é possível citar: "1) organizações da igreja: as Comunidades Eclesiais de Base (CEBs) e a Comissão Pastoral da Terra (CPT); 2) o movimento sindical rural rearticulou-se na Confederação Nacional dos Trabalhadores na Agricultura (Contag); e 3) a Pedagogia da Alternância, que teve início no Espírito Santo, em 1968, por meio da Igreja Católica" (Freitas, 2011, p. 38).

Claro que o investimento norte-americano nos países latinos continuava, por meio da "Aliança para o Progresso", em que a assistência técnica fazia parte das linhas de ação. Contudo, a educação ficou localizada em áreas de interesse do desenvolvimento (Calazans, 1993) e nas áreas em que os movimentos sociais populares rurais apresentavam potencial de organização.

Calazans (1993) também afirma que as décadas de 1960 e 1970 foram de proliferação de programas para o meio rural. E elenca alguns que têm relação direta com a educação rural:

» Instituto Nacional de Desenvolvimento Agrário (Incra), que vem com a necessidade da reforma agrária;
» Programa Intensivo de Preparação de Mão de Obra Agrícola (Pipmoa), para atender ao empresariado agrícola;
» Programa Diversificado de Ação Comunitária (Prodac), junto ao Movimento Brasileiro de Alfabetização (Mobral);
» Serviço Nacional de Formação Profissional Rural (Senar);
» Projeto Rondon, com incursões em comunidades rurais para oferecer capacitação rápidas;
» II Plano Nacional de Desenvolvimento (PND), com recurso do Banco Internacional para Reconstrução e Desenvolvimento (Bird[ix]), que executam os programas Polo Nordeste, Polo Amazônia, Polo Centro, com propostas de educação e treinamento de mão de obra.

É possível citar, ainda, a Aliança para o Progresso, recurso utilizado pelo presidente Kennedy para controlar os programas latino-americanos, com vistas a impedir que a solução cubana chegasse ao Brasil.

O cenário no campo, a partir da década de 1970, não sofreu grandes mudanças, e a população de analfabetos na zona rural atingiu 42% e 16% no espaço urbano, o que nos leva a pensar que a situação desde a primeira República teve uma alteração mínima, comparada ao desenvolvimento do país (IBGE, 2019c). Esse contexto também possibilitou a retomada das lutas no campo e da formação das greves, o que sinalizou esgotamento do regime militar.

---

ix.   "O Bird é a instituição financeira do Banco Mundial que proporciona empréstimos e assistência para o desenvolvimento a países de rendas médias com bons antecedentes de crédito." (Brasil, 2019a)

Se fizermos uma comparação entre os diferentes tempos históricos, por meio da fala de educadores que vivenciaram a situação da educação rural, percebemos uma estagnação. Nesse sentido, seguimos a mesma linha de pensamento descrita por Mennucci, em 1934, quando afirmava que "a zona rural é que recebe os neófitos, isto é, os noviços mal saídos das escolas normais" (Mennucci, 1934, p. 90). Em 1970, a mesma questão ressurge, agora com outras palavras: "corpo docente do meio rural constituída por professoras 'leigas', ou por normalistas recém-formadas" (Szmrecsányi; Queda, 1976, p. 230). Em resumo, a situação da falta de estrutura e da formação docente continuava causando a marginalização da população rural.

1.5 Comparação entre a regulamentação da educação rural e a função de alguns programas

Com as aparentes semelhanças na situação da educação rural quando comparada à primeira República, destacam-se momentos que foram marcados por algumas leis e regulamentações que trouxeram consequências para a escola rural e a população do campo.

Foi o caso, por exemplo, da Lei n. 4.024, de 20 de dezembro de 1961 (Lei de Diretrizes e Bases da Educação – Brasil, 1961), que deixou a cargo dos municípios a organização e a estruturação das escolas primárias rurais. O fato causou a precarização da escola rural, pois a maioria dos municípios não disponibilizava de recurso e nem de mão de obra para tal missão. A título de curiosidade, atualmente, no Brasil, das 44,9 mil escolas rurais, 98% estão sob a responsabilidade dos municípios (Brasil, 2004b). Também com a promulgação das Leis n. 5.540, de 29 de novembro de 1968 (Brasil, 1968), e n. 5.692, de 11 de agosto de 1971 (Brasil, 1971), sobre a reforma do ensino superior e a estruturação do ensino fundamental e secundarista, deixa-se de considerar a realidade das populações do campo. Nesse sentido, reafirma-se a fala de Leite (1999, p. 47), quando este menciona que "a lei 5.692/71 se distanciou da realidade sociocultural do campesinato brasileiro, não incorporou as exigências do processo escolar rural em suas orientações fundamentais [...]".

É inegável, contudo, que a municipalização do ensino primário tenha se concretizado. Mas isso aconteceu sob o guarda-chuva dos programas acordados entre o MEC e os Estados Unidos, que resultaram no II e no III Plano Nacional de Desenvolvimento para a Educação e no Plano Setorial de Educação, Cultura e Desportos de 1975/79 e 1980/85 (Brasil, 1976, 1982b; Leite, 1999).

Foi nesse panorama que se viram fundamentados programas como o Programa Nacional de Ações Socioeducativas e Culturais para o Meio Rural (Pronasec), o Programa de Expansão e Melhoria da Educação no Melo Rural (EduRural) e o Mobral, já citado anteriormente (Calazans; Castro; Silva, 1984; Paiva, 2015).

O Pronasec foi um subprograma do Plano Setorial de Educação, Cultura e Desportos (PSECD), que propunha:

> a expansão do ensino fundamental no campo, a melhoria do nível de vida e de ensino, a redução a evasão e repetência, E como ação política social específica, a redistribuição equitativa dos benefícios sociais. [...] valorização da escola rural e do home do campo,

a manifestação cultural do rurícola, a extensão dos benefícios da previdência social e ensino ministrado de acordo com a realidade campesina. (Leite, 1999, p. 50)

Também recomendava o mesmo calendário para toda escola rural, com base no calendário urbano. Leite (1999) ainda chama atenção para o fato de que várias mazelas da educação rural não eram abordadas pelo PSECD. Havia falta de formação dos professores para atuar na escola rural, inadequação do material didático, ineficiência das instalações físicas, entre outras. Contudo, segundo o autor, se olharmos os planos de cooperação internacional, essas demandas específicas da educação rural não fazem parte dos acordos firmados, apenas a capacitação da mão de obra para o trabalho rural especializado.

Outro programa, o EduRural, por sua vez, instalou-se no Nordeste com financiamento do Bird. Ele tinha a intenção de ampliar a escolaridade da região, assim como reestruturar o currículo e tornar o material didático adequado, com orientação para o trabalho (Paiva, 2015; Brasil, 1982a).

Quanto ao Mobral, tratava-se de um programa com "a intenção de erradicar o analfabetismo no país sem levar em consideração a situação social, econômica e cultural das populações rurais" (Hoeller, 2017, citado por Mendonça, 2010, p. 1175).

É possível perceber que os programas instalados pelo Estado com o viés da educação rural acabaram entrando em um processo de aculturação da população do campo. Apresentavam a necessidade de instalar um modelo de modernização, que estava anunciado pelos acordos internacionais. O que acontecia, no entanto, é que esse tipo de processo estabelecia uma relação desigual no campo, provocando uma proletarização rural.

Entretanto, o início da década 1980 trouxe as lutas dos movimentos sociais, que passaram a fazer, de forma intensa, o enfrentamento dessa lógica. Nesse sentido, há a fundação oficial do Movimento Sem Terra (MST), em 1984, que retoma, ao lado dos movimentos que resistiram durante a ditadura, a necessidade da reforma agrária e da educação. Iniciava-se, nesse momento histórico, um processo de ampliação das ocupações de terra, da priorização das marchas que faziam parte da jornadas de luta[x].

O objetivo era o de pressionar o governo, indicando a urgência da reforma agrária. Em 1995, por exemplo, "o MST realizou o 3º Congresso Nacional, no qual a reforma agrária não era uma luta para beneficiar apenas os camponeses, mas uma forma de melhorar a vida dos que vivem nas cidades, nascendo o lema 'reforma agrária, uma luta de todos'" (MST, 2019). As lutas pela educação passam a ser uma necessidade, pois, em cada assentamento e acampamento, tem de haver a instalação de uma escola pensada de acordo com a realidade vivenciada pelos sujeitos do campo.

Preste atenção!

Há uma consagração da expressão *para todos e de todos* tanto na esfera nacional quanto na internacional. O campo e a cidade devem estar juntos pela luta da reforma agrária, tornando-a uma preocupação de todos.

Internacionalmente, existia também um movimento em prol da educação, marcado pela Conferência Mundial sobre Educação para Todos, realizada na Tailândia, em 1990 (Unesco, 1990). Foi aí

---

x. As jornadas de luta são compostas pelas marchas, que são instrumentos do MST para fazer aos enfrentamentos. Para saber mais, confira: MST, 2019.

que se definiu a educação como necessidade básica para o desenvolvimento, um conceito ligado à produção, pontuando o número de analfabetos no mundo, principalmente localizados no campo ou em comunidades.

Nesse contexto, há dois pontos que se encontram: a discussão internacional que sinaliza o caminho da educação e os movimentos sociais que reivindicam políticas de educação específicas para atender o campo, concomitantemente à reforma agrária.

Historicamente, ainda há a aprovação da Constituição Federal (CF) em 1988, e seus arts. 184 e 186 garantem a desapropriação de terras que não cumpram sua função social (Brasil, 1988). Assim, os movimentos de luta pela terra organizaram-se na intensificação das ocupações e nas reivindicações pela reforma agrária e pela educação.

Importante!

É essencial destacar o que seria a **função social**, pois esse tema é uma constante nas reivindicações sociais. O Estatuto da Terra – Lei n. 4.504/1964 – assim dispõe no § 1º de seu art. 2º:

> Art. 2º [...]
>
> § 1º A propriedade da terra desempenha integralmente a sua função social quando, simultaneamente:
>
> a. favorece o bem-estar dos proprietários e dos trabalhadores que nela labutam, assim como de suas famílias;
>
> b. mantém níveis satisfatórios de produtividade;
>
> c. assegura a conservação dos recursos naturais;
>
> d. observa as disposições legais que regulam as justas relações de trabalho entre os que a possuem e a cultivem. (Brasil, 1964)

Ressaltamos que o Estatuto da Terra existia apenas no papel, tornando-se passível de concretização somente depois do advento da CF de 1988.

1.6 A Lei de Diretrizes e Bases da Educação Nacional e a educação básica do campo

Para finalizar o recorte histórico deste capítulo, é fundamental analisar a Lei de Diretrizes e Bases da Educação Nacional (LDB) – Lei n. 9.394, de 20 de dezembro de 1996 (Brasil, 1996).

Essa lei finalmente reconheceu a educação rural, considerando que, no campo, existem especificidades e que os espaços de aprendizados podem ser diferenciados de acordo com a realidade dos sujeitos. Isso pode ser verificado no teor de seus arts. 23, 26 e 28, que discutem o currículo e a organização dos tempos escolares (Brasil, 1996).

É importante avaliar, ainda que brevemente, esses artigos. O art. 23 abre a possibilidade de a "educação básica organizar-se em séries anuais, períodos semestrais, ciclos, alternância regular de períodos de estudos, grupos não-seriados, com base na idade", ou outra forma diversa de organização, acolhendo as casas familiares rurais, que fazem a utilização da alternância e também as escolas do campo, para que trabalhem com a flexibilidade da realidade local (Brasil, 1996).

Podemos exemplificar citando a existência de famílias que se deslocam para fazer a colheita da cultura da maçã, acarretando a ausência do estudante da escola em determinado período de tempo. Diante de uma situação como essa, a escola pode pensar em alternativas.

O art. 26 prevê que "os currículos do ensino fundamental e médio devem ter uma base nacional comum, a ser complementada, em cada sistema de ensino e estabelecimento escolar, por uma parte diversificada, exigida pelas características regionais e locais da sociedade, da cultura, da economia e da clientela". Nesse sentido, o currículo de escola do campo pode ser repensado e discutido com base na realidade da comunidade.

Já o art. 28, em particular, estabelece que "na oferta da educação básica para a população rural, os sistemas de ensino promoverão as adaptações necessárias a sua adequação, às peculiaridades da vida rural e de cada região", abrindo possibilidades de construir e pensar escolas do – e no – campo, ponderando as dimensões, sociais, econômicas, culturais e ecológicas das populações desse local.

Assim, a LDB reúne um conjunto de alternativas para resgatar a educação do campo, em que as comunidades e seus sujeitos passam a ser protagonistas, retomando o direito de acesso à escola.

Síntese

É preciso compreender que, no processo histórico, a educação rural na escola tinha como concepção inicial das ações governamentais a noção de atraso rural. Isso estava ligado à fase do desenvolvimento capitalista. Além disso, os programas e as ações implantadas pelo Estado não diminuíram de forma significativa o analfabetismo no campo. Assim, verifica-se uma dívida educacional histórica com as populações do campo.

Com a CF de 1988, a educação passou a ser um direito de todos, imbricando e fortalecendo um movimento de reivindicação pela educação das populações camponesas, que se uniu ao movimento de luta pela reforma agrária. Portanto, as mazelas do campo afloraram nas ocupações de terra.

No entanto, é na LDB, em 1996, com os arts. 23, 26 e 28, que as especificidades do dito *rural* são reconhecidas. Esse fato marcou o início de uma nova etapa, em que a educação "do" e "no" campo passaram a integrar a discussão a respeito da escola do campo.

Indicações culturais

O TAPETE vermelho. Direção: Luiz Alberto Pereira. Brasil, 2006. 100 min.

Para complementar a análise realizada até o momento, o filme apresenta a realidade da zona rural, o que pode auxiliar no entendimento de diferenças culturais entre cidade e campo.

Atividades de autoavaliação

1. Assinale a alternativa que apresenta as principais características relacionadas à educação rural sob a perspectiva de campo como espaço de atraso:

    a) A escola rural faz a construção do projeto político pedagógico com a participação da comunidade e de professores com intencionalidade emancipatória e de atuação na formação dos sujeitos com base na realidade.

    b) A escola rural tem como característica central o desenvolvimento da autonomia, buscando a realidade dos sujeitos como espaço mediador dos conteúdos e potencializador dos diálogos com a diversidade das comunidades.

c) A escola rural brasileira caracteriza-se pela alternância, com objetivo de atender à grande diversidade das comunidades rurais, priorizando a formação dos conhecimentos produzidos pela humanidade.

d) A escola rural caracteriza-se pela instalação de programas de profissionalização, proporcionando um processo de aculturação das comunidades e de reprodução de um projeto político-pedagógico urbano distante da realidade dos sujeitos.

2. Assinale a alternativa correta sobre a Lei de Diretrizes e Bases da Educação (LDB), de 1996, com relação ao ensino rural:

a) A LDB reconheceu as diferenças da zona rural, mas não trouxe mobilidade para os tempos escolares.

b) A LDB priorizou a educação única para todo Brasil, sem diferenças entre os espaço rural e urbano.

c) A LDB reconheceu os espaços e as especificidades da zona rural, possibilitando adaptações nos tempos escolares.

d) A LDB não previu adaptações do ensino rural e urbano, buscando uma homogeneização da educação.

3. Analise as afirmativas a seguir e indique V para as verdadeiras e F para as falsas:

( ) A educação rural após a década de 1970 foi uma prioridade do Estado para atender à demanda crescente por formação no campo.

( ) A educação rural no Brasil colonial não foi mencionada nas Constituições de 1824 e 1891, há apenas menções à instrução primária e gratuita aos considerados cidadãos na época.

( ) A educação rural já esteve vinculada e organizada pelo Ministério da Agricultura, com a intenção de arregimentação de trabalhadores.

( ) A educação rural na escola tem como concepção inicial das ações governamentais a noção de atraso rural, que está ligado à fase do desenvolvimento capitalista.

4. Assinale a alternativa correta:
   a) O número de analfabetos diminuiu drasticamente com os programas destinados à população rural.
   b) A municipalização do ensino primário viabilizou a qualificação da educação rural.
   c) O Estado Novo, por meio dos programas para educação rural, conseguiu conter o êxodo rural, proporcionando qualidade de vida às populações.
   d) Os programas para a educação rural no Brasil tinham um caráter assistencialista, além da manutenção da segurança e da ordem cívica.

5. Sobre a influência americana no Brasil, assinale a alternativa correta:
   a) A influência americana se restringiu à esfera econômica, tendo um alcance localizado e nos espaços industrializados.
   b) Os governos brasileiros tinham uma independência política nas ações que envolviam as questões sociais, políticas e econômicas.
   c) Os acordos bilaterais Brasil – Estados Unidos não tiraram a população rural de sua estagnação e dependência.
   d) A busca por qualidade de vida para os cidadãos brasileiros levou os governos a firmar as alianças internacionais.

Atividades de aprendizagem

Questões para reflexão

1. Faça a releitura da LDB (Brasil, 1996) e reflita sobre os elementos que possibilitaram o reconhecimento das populações rurais no processo educacional.

2. A influência internacional na educação perpassa toda história brasileira. Como essa influência interfere em sua vida como educador ou educando?

Atividades aplicadas: prática

1. Para enriquecer seu aprendizado com relação ao processo histórico da educação rural, resgate, nas memórias familiares, a possível vivência em uma escola rural. Relacione-a com o conteúdo deste capítulo.

2. Considerando que a influência internacional na educação perpassa toda a história brasileira, entreviste seus pares questionando-os: Como a influência internacional interfere em sua vida como educador ou educando?

2

Educação do campo e suas especificidades: um projeto popular para o desenvolvimento

A educação rural deixou um legado de dívidas com a população do campo, e os programas e projetos elaborados e implantados não alcançaram os esperados desenvolvimentos social, econômico e ecológico. Apesar disso, os movimentos sociais se organizaram com a intenção de reivindicar um progresso popular para o campo ou, ainda, organizar "um projeto de educação dos trabalhadores e das trabalhadoras do campo" (Caldart, 2004a, p. 17).

Trata-se de pensar a educação considerando os sujeitos concretos e assumindo a especificidade do lugar. Basicamente, no campo, há ausência de políticas públicas, o que leva a um quadro de deficiência social e econômica das famílias camponesas. Entre as faltas comuns nesse meio, podemos citar: escolas, infraestrutura, formação de educadores, política de valorização do magistério, financiamento e currículos vinculados à realidade dos sujeitos do campo.

A educação do campo tem um projeto popular que deriva da contradição da agricultura capitalista. Ao passo que a agricultura capitalista exclui as famílias do campo, com auxílio dos elementos de ausência das políticas públicas, os movimentos sociais lutam pelo processo de inclusão, por meio de um projeto em que todos e todas possam ser sujeitos de sua história. Neste capítulo, detalharemos a educação do campo, apontando as conferências que deram força à sua existência. Então, analisaremos os elementos da construção dessa educação, entendendo princípios e conceitos, além de elementos que reforcem sua identidade. Por fim, examinaremos as políticas públicas e legislações pertinentes à escola do campo.

2.1 Conferências e a luta em prol da educação do campo

Fruto de uma caminhada de luta, os movimentos sociais, incluindo o Movimento dos Trabalhadores Rurais Sem Terra (MST), criaram a Articulação Nacional por uma Educação do Campo, que realizou em 1997, o I Encontro Nacional de Educadores e Educadoras da Reforma Agrária (Enera). O evento aconteceu em parceria com o Fundo das Nações Unidas para Infância (Unicef), a Organização das Nações Unidas para Educação, a Ciências e a Cultura (Unesco), a Conferência Nacional dos Bispos do Brasil (CNBB) e a Universidade de Brasília (UnB). Após o encontro nacional, as entidades parceiras perceberam a necessidade de continuidade do projeto e, assim, teve início a I Conferência Nacional por uma Educação Básica do Campo (Brasil, 2012, p. 9).

Preste atenção!

A Articulação Nacional por uma Educação do Campo foi um grupo de entidades (universidades, sindicatos, organizações não governamentais, congregações, entre outras) formado com os movimentos sociais para discutir, debater, elaborar e organizar os espaços políticos que envolvem a educação do campo.

A Conferência foi realizada em 1998, em Luziânia, GO, com a mesmas entidades promotoras do I Enera. Desse espaço de discussões saíram algumas propostas e compromissos, como a criação do Programa Nacional de Educação na Reforma Agrária[i]

---

i. Para saber mais, confira Brasil, 2004c.

(Pronera), envolvendo as parcerias entre o governo federal, universidade e movimentos sociais do campo (Kolling; Cerioli; Caldart, 2002, Ghedin; Borges, 2007). As reivindicações dos movimentos sociais começaram, então, a serem atendidas, como resultado de uma articulação das entidades em prol da realidade educacional do campo.

Atualmente, o Pronera "é expressão de um compromisso entre Governo Federal, instituições de ensino e os movimentos sociais e sindicais de trabalhadores e trabalhadoras rurais, governos estaduais e municipais. Seu objetivo é executar políticas de educação em todos os níveis nas áreas de reforma agrária" (Brasil, 2004c, p. 13). É um programa que se consolidou dentro dos assentamentos, tendo como principais ações: a alfabetização e escolarização de jovens e adultos no ensino fundamental, a capacitação e escolaridade de educadores para o ensino fundamental e os cursos profissionalizantes.

É importante salientar que a I Conferência Nacional se apresentou como um momento marcante para a história da educação do campo. Foi a partir dos debates que a Conferência permitiu que temas fundamentais fossem reelaborados, como a própria educação, as políticas públicas e o desenvolvimento do campo. Os pontos que, em razão do processo histórico, já estavam em latência há certo tempo e fizeram parte das discussões e do texto-base foram:

a) Desenvolvimento rural e educação no Brasil: desafios e perspectivas; b) Situação da educação rural no Brasil e América Latina; c) Políticas públicas em educação no Brasil: municipalização; d) Financiamento da educação; e) Política educacional para as escolas indígenas; f) Em busca de um novo projeto de desenvolvimento para o Brasil; g) Projeto popular de desenvolvimento para o Campo; h) Educação básica para o campo e i) Nosso compromisso como educadores/educadoras do campo. (Kolling; Cerioli; Caldart, 2002, p. 18)

Preste atenção!

Para a I Conferência Nacional por uma Educação Básica do Campo, foi elaborado pela Articulação Nacional por uma Educação do Campo um texto-base, que contemplava temas centrais para as discussões dos grupos de trabalho.

Essa conferência foi importante para firmar ao Estado que o campo existe e que a educação de quem trabalha e vive nesse meio deveria ser pensada pelos sujeitos dessa realidade. Assim, a I Conferência determinou a educação básica do campo, e não mais a educação rural, sendo auxiliada pelos movimentos sociais e apoiada pelas parcerias (Molina; Jesus, 2004).

Mais tarde, na II Conferência Nacional por uma Educação do Campo, que também aconteceu em Luziânia, em agosto de 2004, foi apresentada uma declaração final, construída pela plenária, que afirmava o seguinte lema: "Educação do campo: direito nosso, dever do Estado". Essa afirmação marcava um momento de avanço nas discussões da educação do campo, promovendo "ampliação do acesso e garantia de permanência da população do campo à educação superior por meio de uma política pública permanente [...]" (Brasil, 2004a, p. 4). Isso quer dizer que havia uma luta pela educação básica do campo (parte do título da I Conferência), mas, naquele momento, a luta passava a ser pela educação do campo como direito dos sujeitos desse meio na luta pelas políticas públicas.

Também podemos verificar, na declaração da II Conferência, que as discussões realmente tiveram um avanço, como no ponto "o que queremos", no qual se passou a ler:

> 1) Universalização do acesso da população brasileira que trabalha e vive no e do campo à Educação Básica de qualidade social por meio de uma política pública permanente; 2) Ampliação do acesso e garantia de permanência da população do campo à Educação Superior por meio de uma política pública permanente que inclua como ações básicas; 3) Valorização e formação específica de educadoras e educadores do campo por meio de uma política pública permanente que priorize; 4) Formação de profissionais para o trabalho no campo por meio de uma política pública específica e permanente; 5) Respeito à especificidade da Educação do Campo e à diversidade de seus sujeitos. (Brasil, 2004a, p. 4-5)

Compreendamos que espaços de discussão, como a Conferência Nacional, foram importantes para os estados para que se obtivesse a dimensão e a ampliação do olhar sobre o campo, passando a vê-lo como um espaço de vida e cultura. Tratava-se mesmo de um debate emergencial, para que futuramente fosse possível ter sujeitos no campo, afinal, existe uma incompatibilidade de origem entre o modelo de produção agrícola do capital e a educação do campo. Arroyo, Caldart e Molina (2004, p. 13), chamam a atenção para esse processo:

> mantida a atual configuração da aliança de classes hoje internacional – a qual transformou os alimentos em commodities e que necessita, para seu modelo

de produção agrícola, baseado em vastas extensões de terra, do uso de altíssima tecnologia nos processos de produção, com mínima utilização de mão de obra, da monocultura e do uso intensivo de agrotóxico –, não haverá escola do campo e, muito menos, sujeitos camponeses a serem educados neste território, pois este modelo agrícola funda-se, no que se costuma chamar na sociologia, de uma ruralidade de espaços vazios, de um campo sem sujeitos.

Assim, dois espaços foram construídos pelos movimentos sociais, que ainda fazem história. Isso porque os sujeitos viabilizaram sua autonomia. A seguir, aprofundaremos a análise sobre os princípios e os conceitos da educação do campo.

2.2 Diretrizes operacionais para a educação básica do campo: elementos de construção

Desde a denúncia à sociedade acerca da dívida histórica para com as populações do campo até a falta de políticas públicas para o setor, ficou evidente a necessidade de um pensamento mais acentuado sobre os temas campesinos. Desse caminho, emergiram ou, freireanamente, foram anunciadas as bases para a construção das Diretrizes Operacionais da Educação Básica nas Escolas do Campo (Brasil, 2002b).

Nesse panorama, passaram a ser contempladas as especificidades de uma educação do e no campo. Como é considerado no art. 5º dessas Diretrizes, "as propostas pedagógicas das escolas do campo, respeitadas as diferenças e o direito à igualdade e cumprindo imediata e plenamente o estabelecido nos artigos 23, 26 e 28 da Lei 9.394, de 1996, contemplarão a diversidade do campo em todos os seus aspectos: sociais, culturais, políticos, econômico" (Brasil, 2002b). O teor desse dispositivo faz referência ao que apresentamos no Capítulo 1 sobre a Lei de Diretrizes e Bases da Educação Nacional (LDB – Brasil, 1996).

Neste momento, contudo, o que nos interessa é olhar com cuidado para a Resolução n. 1, de 3 de abril de 2002, do Conselho Nacional de Educação (CNE) e da Câmara de Educação Básica (CEB), que institui as Diretrizes Operacionais para a Educação Básica nas Escolas do Campo (Brasil, 2002b). Tal normativa apresenta diversos elementos para se pensar a escola do campo. O parágrafo único de seu o art. 2º, registrado já no início das Diretrizes, fundamenta a teoria pedagógica que os movimentos sociais construíram sobre a educação do campo, ou seja, traz a identidade da escola do campo:

> Art. 2º [...]
> Parágrafo único. A identidade da escola do campo é definida pela sua vinculação às questões inerentes à sua realidade, ancorando-se na temporalidade e saberes próprios dos estudantes, na memória coletiva que sinaliza futuros, na rede de ciência e tecnologia es que integram os diversos sistemas de ensino e em conjunto disponível na sociedade [...]. (Brasil, 2002b)

Já o art. 4º prevê o projeto institucional das escolas do campo, que deve estar comprometido com um "desenvolvimento social, economicamente justo e ecologicamente sustentável" (Brasil, 2002b). A participação da comunidade é pautada para garantir o controle social da qualidade da educação escolar, no inciso IV do art. 8º. O art. 9º, por sua vez, aponta que as demandas provenientes dos movimentos sociais são vistas como possibilidade de subsidiar a política educacional, o que pode ser visto como um avanço, dentro de uma resolução federal. O art. 10 reitera a importância da gestão democrática do art. 14 da LDB (Brasil, 1996), mas vinculada à escola, à comunidade local e aos movimentos sociais. A formação continuada dos educadores também é prevista no art. 67 da LDB (Brasil, 1996).

Os artigos que integram Diretrizes Operacionais (Brasil, 2002b) contemplam as reivindicações dos movimentos sociais que foram discutidas no texto-base da I Conferência Nacional por uma Educação Básica do Campo (Kolling; Cerioli; Caldart, 2002, p. 21). Isso evidencia que os movimentos sociais, por meio de seu processo de organização e luta, conseguem se fazer ouvir no Estado. Além disso, eles têm acesso às propostas consideradas nessa resolução e que foram discutidas nas conferências e nos grupos de trabalho.

Importante!

Além das Diretrizes Operacionais, organizaram-se grupos de trabalho (GT), que passaram refletir como atender às reivindicações da educação do campo. Em cada estado, esses GTs foram instalados, dando origem às articulações por uma educação do campo. Elas congregam diversas instituições, desde movimentos sociais, organizações não governamentais e universidades, com vistas a consolidar políticas públicas fundamentadas nas especificidades dos sujeitos.

2.3 Conceitos e princípios da educação do campo

Depois do recorte histórico promovido no Capítulo 1 e da contextualização a respeito de conferências e da consequente construção de diretrizes, agora, é possível analisar de forma efetiva a educação do campo.

Para isso, iniciamos com o conceito de *educação do campo*, citando Caldart (2012, p. 257):

> como conceito em construção, a educação do campo, sem se descolar do movimento específico da realidade que a produziu, já pode configurar-se como uma categoria de análise da situação ou de práticas e políticas de educação dos trabalhadores do campo, mesmo as que se desenvolvem em outros lugares e com outras denominações. E, como análise, é também compreensão da realidade por vir, a partir de possibilidades ainda não desenvolvidas historicamente, **mas indicadas por seus sujeitos ou pelas transformações em curso em algumas práticas educativas concretas e na forma de construir políticas de educação**. [...] O surgimento da expressão educação do campo surgiu na I Conferência Nacional, realizada em julho de 1998. (grifo nosso)

O fato é que, para compreender essa definição, precisamos partir da ideia de que os princípios da educação do campo foram construídos assumindo as especificidades de classe, oriundos de um projeto de desenvolvimento popular.

Desse modo, o processo da identidade da educação do campo foi sendo construído por meio das discussões nas conferências, nos seminários locais e nos GTs, pelos movimentos sociais e suas parcerias. Entre os principais pontos considerados essenciais para a consolidação de uma identidade, destacamos alguns:

» Momento em que a educação do campo assume o vínculo com os sujeitos sociais do campo, considerando a dimensão da universalidade. A educação precisa ser considerada como processo de formação humana, que estabelece referências culturais, históricas, econômicas, ecológicas e políticas para emancipação e intervenção dos sujeitos na realidade.

» Início da utilização da expressão *campo*, e não mais *meio rural* (Kolling; Cerioli; Caldart, 2002). Considerava-se que *rural* está relacionado à marca histórica da concepção de atraso e dependência de uma agricultura capitalista. Além disso, o campo tem vínculos com um projeto de desenvolvimento que expresse a luta dos movimentos sociais por qualidade de vida nesse espaço.

» Definição de quem são os sujeitos da educação do campo, o que envolve uma diversidade de trabalhadores. A lista consta na Resolução n. 1/2002 (Brasil, 2002b) e no Decreto n. 7.352, de 4 de novembro de 2010 (Brasil, 2010) e envolve os agricultores familiares, os extrativistas, os pescadores artesanais, os ribeirinhos, os assentados e acampados da reforma agrária, os trabalhadores assalariados rurais, os quilombolas, os caiçaras, os povos da floresta, os caboclos, assim como outros que produzam condições materiais de existência por meio do trabalho no meio rural.

» Entendimento de que as escolas do campo têm projetos político pedagógico vinculados à comunidade, ao processo histórico, à educação para a autonomia cultural, às lutas dos povos do campo, à democratização e à vida do campo, aspectos que devem estar intrinsicamente ligados ao fazer pedagógico. Assim, a identificação política e o compromisso com a intervenção social na realidade cultural do campo também configuram o papel da escola do campo.

» Reconhecimento dos movimentos sociais como sujeitos da educação do campo, que, inclusive, é condição *sine qua non* para a existência de uma identidade do campo.

2.3.1 Identidade da educação do campo: a escola e a relação entre campo e cidade

Para pensar a educação do campo, precisamos olhar a relação que existe entre campo e cidade, que está interligada ao modelo capitalista da sociedade. O Brasil nasceu do espaço rural, mas, à medida que as fábricas se instalaram, foi ocorrendo a migração da população do campo para a cidade, na busca por melhores condições de vida. Isso, contudo, favoreceu a formação de bolsões de pobreza urbanos.

Atualmente, o processo de migração continua, mas com alguns aspectos diferenciados, afinal, o modelo capitalista está consolidado na desigualdade social. No campo, a concentração de renda continua e as grandes extensões de terra são utilizadas pelo agronegócio, que representa hoje a modernização capitalista da agricultura. Nas cidades, há o crescimento urbano acelerado, o desemprego e a violência, e os bolsões de miséria refletem esse modelo de sociedade. O fato é que, "no plano das relações sociais, há uma clara dominação do urbano sobre o rural, na sua lógica e em seus valores" (Kolling; Cerioli; Caldart, 2002, p. 31).

Esse processo gera a expulsão do agricultor familiar camponês de sua vida no campo, além de possibilitar o acirramento das lutas dos movimentos sociais por uma reforma agrária, ou seja, uma retomada invertida da migração. De acordo, com dados do Instituto Brasileiro de Geografia e Estatística (IBGE, 2017), a população predominantemente do campo está em torno de 25%. Há, então, um número expressivo de pessoas que vivem direta ou indiretamente das relações que se estabelecem no campo.

O Instituto Nacional de Estudos e Pesquisas Educacionais Anísio Teixeira (Inep, 2019a) revela que, no Estado do Rio de Janeiro, houve um aumento no número de inscrições em unidades escolares rurais de 2016 para 2017. Segundo o levantamento, houve 3.518 matrículas a mais em relação ao ano de 2016. Esse número cresce conforme as características de cada município, pois pode haver um retorno ao campo, verificado pela formação de acampamentos e assentamentos por sujeitos que não querem ser submissos na relação campo-cidade. A Figura 2.1, a seguir, mostra o número de ocupações de terras no Brasil de 1988 a 2015:

Figura 2.1 – Ocupações de terras no Brasil

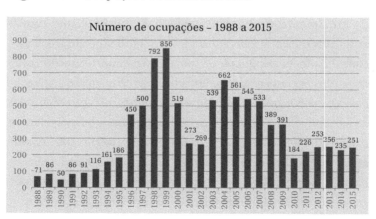

Fonte: DataLuta, 2016.

Na educação, as contradições campo-cidade são percebidas pelos números trazidos pelo Inep (2019a). Por exemplo, nos anos iniciais da escola básica fundamental, 79,1% dos matriculados em escolas urbanas têm acesso à biblioteca ou à sala de leitura. A situação dos matriculados da zona rural é diferente, já que apenas 35,4% deles têm acesso a esses espaços na escola em que estudam. No ensino médio, 85,9% dos matriculados do espaço urbano estudam em escolas com biblioteca ou sala de leitura. Na zona rural, o acesso a esses espaços é de 54,1%. Portanto, faltam condições para oferecer uma educação de qualidade para os sujeitos do campo.

Contudo, há também novas relações entre campo e cidade, em que ambos vivem uma situação de interdependência. Nesse caso, a dicotomia entre campo e cidade deve ser vencida para que seja estabelecido um vínculo de cooperação e valorização de ambos os espaços. A caracterização do campo como espaço de atraso, na relação com o moderno, tem de ser quebrada. Quando se alude à escola do campo, refere-se às de especificidades de uma realidade social, política, econômica, cultural e organizativa. Nesse sentido, os números do Inep (2019a) demonstram a negação de um conjunto dos direitos sociais, ou seja, *desenvolvimento* não é sinônimo de *urbanização*.

A reforma agrária surge, então, como medida necessária para a construção de relações dignas para a população do campo. O sujeito precisa da terra para ter uma vida de conexão com a sociedade.

Além disso, a superação da dicotomia campo-cidade pode concretizar-se por meio da educação. Nesse caso, a escola do campo surge como principal agente, pois se vê envolvida diretamente com as contradições campo-cidade. Ela precisa trabalhar com base em uma lógica de valorização da agricultura camponesa e da cultura, bem como no resgate da vida na terra, desconstruindo a falsa ideia de que a escola da cidade é superior à escola do campo.

Assim, nota-se uma preocupação política e pedagógica, que, de acordo com Caldart (2004a), apresenta os seguintes aspectos:

» a escola não move o campo, mas o campo não se move sem a escola, ou seja, a escola não transforma a realidade, mas pode ajudar a formar os sujeitos capazes de fazer essa transformação;

» quem faz a escola do campo são os povos do campo, que devem sempre estar organizados e em movimento;

» as lutas sociais produzem a cultura do direito à escola, ou seja, a escola deve ser vista como "do" e "no" campo, além de ser encarada como parte do processo de formação natural das pessoas;

» a escola funciona em um processo de luta, sendo o ambiente educativo formado por coletivos de educadores comprometidos com as lutas do campo;

» a escola do campo é local de formação humana e deve ser formada por sujeitos sociais do campo.

2.3.2 Elementos para um projeto político-pedagógico

O projeto pedagógico da escola do campo precisa estar fundamentado em princípios e interligado à identidade da educação desse meio. Assim, Molina e Jesus (2004) apontam elementos que ajudam a contextualizar a identidade do tipo de educação em questão.

O primeiro elemento é a **formação humana** vinculada a uma concepção de campo que pensa tanto a reforma agrária quanto um modelo popular de agricultura. Esse tipo de formação tem uma relação embrionária com a lutas sociais camponesas, com a luta das mulheres, com a preservação da água e com um projeto de desenvolvimento de campo para a inclusão. Esse contexto também compreende a superação da dicotomia rural e urbano, entendendo que ambos os espaços têm uma dependência um do outro e devem ser vistos com igualdade social e diversidade cultural.

Importante!

Viver no campo deve ser uma opção de vida digna. E um projeto de educação deve ser desenvolvido sob perspectiva de formação dos sujeitos que trabalham e vivem no campo.

O segundo ponto é a **luta por políticas de acesso universal à educação "no" e "do" campo**. Caldart (2004a, p. 25-26) explicita melhor a utilização desses dois termos: "**no:** o povo tem direito de ser educado no lugar onde vive; **do:** o povo tem direito a uma educação pensada desde o seu lugar e com a sua participação, vinculada à cultura e às suas necessidades".

O terceiro elemento está em construir um **projeto de educação dos e pelos camponeses**, ou seja, que eles sejam sujeitos de sua história, de sua formação e das políticas públicas.

O quarto elemento vem reafirmar que a educação do campo só se tornará um **projeto educativo e político** enquanto permanecer vinculada aos movimentos sociais, para que se possa pensar na transformação social e na emancipação humana. A identidade se forma nos processos sociais.

O **vínculo com a matriz pedagógica do trabalho e da cultura** é um quinto elemento, que é essencial para um projeto político e pedagógico da educação do campo. Considera-se a valorização do trabalho como princípio educativo e a cultura como matriz formadora, ou seja, "a educação do campo precisa ser a expressão da cultura camponesa transformada pelas lutas sociais" (Caldart, 2004b, p. 154).

81

A **valorização e formação de educadores e educadoras do campo** são o sexto elemento, que nos convida a pensar na formação humana nos diferentes espaços educativos.

E, por fim, há o sétimo ponto, que diz respeito à missão de formar novos sujeitos sociais que estarão atuando na sociedade. Nesse contexto, a escola do campo não está vinculada a modelos pedagógicos, mas sim a uma construção coletiva de um projeto político-pedagógico que esteja relacionado à identidade e a princípios da educação do campo, bem como aos sujeitos do campo que fazem parte daquela escola, como a própria comunidade.

Nessa perspectiva, Caldart (2004a, p. 40) faz algumas reflexões necessárias para a construção do projeto pedagógico da escola: a socialização das relações sociais, ou seja, "a escola socializa a partir das práticas que desenvolve". Além disso, o autor cita a construção de uma visão de mundo crítica e histórica, o fortalecimento da identidade dos sujeitos do campo e o reconhecimento dos saberes dos sujeitos do campo, ampliando novas reflexões.

Para construir um projeto político-pedagógico, temos algumas pistas, discutidas ao longo de nossos capítulos. Elas envolvem a identidade da escola do campo, os princípios da educação do campo e a formação dos sujeitos do campo. De modo geral, podemos dizer que esses pontos devem possibilitar que:

» o sujeito do campo construa-se para a emancipação individual e coletiva;

» os processos de organização almejem a qualidade de vida;

» a valorização cultural esteja intrinsicamente vincula ao aprendizado e à produção de conhecimento, projetando ações que sejam capazes de ajudar os sujeitos a refletir sobre seus valores;

» exista diálogos permanentes com a comunidade, integrando saberes locais aos conhecimentos científicos na matriz curricular.

Nesse contexto, é preciso primar por uma formação crítica diante da realidade, de forma a contribuir no processo de construção social consciente e criativa.

2.3.3 A atividade prática da escola do campo

Para refletir com educadores e educadoras do campo, é necessário começar agindo. O conhecimento humano, em seu conjunto, integra-se na dupla e infinita tarefa dos sujeitos de transformar a natureza exterior e sua própria natureza (Vazquez, 1977). É a partir disso que construímos a atividade prática que se manifesta no trabalho humano. Portanto, o objeto da atividade prática é a natureza, a sociedade ou os sujeitos reais. A finalidade dessa atividade é a transformação real e objetiva do mundo natural ou social para satisfazer a necessidade humana. O resultado, por sua vez, é uma nova realidade, que subsiste de forma independente dos sujeitos concretos que a elaboraram, com sua atividade existindo pelo e para esse ser social.

Nessa perspectiva, o trabalho é entendido como uma forma produtiva estabelecida com a natureza e fundamental da práxis[ii]. Para a escola do campo, essa relação com a natureza se expressa na reflexão sobre o ambiente educativo. Por exemplo, como podemos construir atividades que contemplem as dimensões do desenvolvimento sustentável e dos territórios[iii]? Ou mesmo da

---

ii. Entende-se por *práxis* a relação entre teoria e prática, mas com objetivo de transformação social. E, concordando com Marx e Engel, na obra *A ideologia alemã* (Marx; Engels, 1998, p. 11), "a questão de atribuir ao pensamento humano uma verdade objetiva não é uma questão teórica, mas sim uma questão prática. É na práxis que o homem precisa provar a verdade, terrenalidade do seu pensamento".

iii. O território é uma das categorias de análise da geografia e, recentemente, tornou-se um conceito muito utilizado por diversas ciências que se ocupam dos processos de produção do espaço (Fernandes, 2008).

economia solidária, da cidadania, dos sistemas de produção, da organização social dos movimentos e da identidade dos povos? Para enriquecer o debate, a seguir vamos trazer uma experiência que está em execução nos movimentos sociais e que pode acrescentar elementos para auxiliar o trabalho na escola do campo.

Estudo de caso

A experiência tem início quando, em um primeiro momento, sugere-se trabalhar com **temas geradores** (Freire, 1987). Eles devem ser discutidos pela escola e pela a comunidade, podendo surgir outros elementos que façam parte da cultura local. O importante é buscar temas de conexão com a realidade dos sujeitos.

Depois da definição dos temas, é importante fazer um **inventário da realidade**, que é uma atividade que está sendo construída e implementada pelos movimentos sociais em algumas escolas de assentamentos e acampamentos, denominada *complexos de estudo*. Conforme Sapelli, Freitas e Caldart (2015, p. 74), "complexos de estudo significa pensar para além dos conteúdos e dos processos cognitivos, significa redimensionar a forma, vincular o conhecimento à realidade para fazer as conexões que permitem a apropriação dos conteúdos construídos historicamente pela humanidade". Reside aí, inclusive, a relevância e a necessidade do inventário. Na busca de relações com a realidade e com o conhecimento, na intencionalidade de tecer ligações entre os conteúdos escolares e os sujeitos, pode-se, então, ser sugerido um roteiro para o inventário.

Sequencialmente, é interessante que haja uma discussão com o coletivo da escola para identificar quais **ligações** existem entre o inventário da realidade e os conteúdos escolares das disciplinas. A sugestão aqui é elaborar vínculos com os conteúdos trabalhados em sala de aula e o inventário da realidade. Isso pode resultar em projetos de ação que envolvem e conectam os educadores entre si e com a comunidade. Esse processo pode ser incluído no projeto pedagógico da escola, ou seja, faz parte da construção do projeto pedagógico da educação do campo.

Como última etapa, o interessante é elaborar uma síntese do processo, o que poderá gerar atividades práticas, no sentido de transformação do chão da escola. Esse processo, entre outros que deverão surgir, contempla as discussões que permeavam as conferências, no intuito da "construção de alternativas pedagógicas que viabilizem com qualidade a existência de escolas de educação fundamental e de ensino médio no próprio campo" (Brasil, 2004a, p. 3).

Frisamos que todo processo pedagógico que tenha o objetivo de emancipação deve ser acompanhado por formação dos educadores e educadoras, para que os elementos da vida e dos conteúdos escolares possam ser concretizados práxis (Freire, 1987). Outras experiências ou propostas pedagógicas podem nascer do movimento dos sujeitos do campo, mas devem ser acolhidas no sentido de transformação social.

2.4 Políticas públicas para educação do campo

A I Conferência Nacional por uma Educação Básica do Campo, em 1997, foi o primeiro passo para recolocar o campo e a educação na agenda política do país. Houve, nesse momento, a superação da denominada *educação rural*, buscando a construção de políticas públicas para os sujeitos do campo. A II Conferência por uma

Educação Básica também trouxe resultados essenciais, afinal, foi quando "reafirmamos a luta social por um campo visto como espaço de vida e por políticas públicas específicas para sua população" (Brasil, 2004a).

Importante!

Os espaços de debates, como as conferências, a organização das ocupações de terras e as manifestações pelos estados, representam formas que os movimentos sociais encontram para enfrentar o agente definidor de políticas públicas, que é o projeto do capitalismo globalizado. No campo, o agronegócio é um exemplo.

É necessário ponderar a formulação de políticas públicas que garantam direitos à população do campo. Para isso, devem ser considerados alguns dados que retratam essa realidade. Como exemplo, há o fechamento de escolas, ação gerada pelo Estado e que motiva as lutas pela educação do campo. De acordo com o Inep (2019a), mais de 32 mil escolas rurais foram fechadas nos últimos dez anos, passando de 102 mil escolas, em 2002, para 70 mil em 2013. Até o primeiro semestre de 2017, cerca de 30 mil escolas do campo pararam de funcionar.

"Neste mesmo período, o número de matrículas reduziu de 7,9 para 6,6 milhões de educandos, o que representa mais de 1,2 milhão de pessoas sem escola ou obrigadas a estudar nas cidades" (UFSCar, 2017). Em 2016, essa situação agravou-se. De acordo com o Inep (2019a), 33,9% das escolas brasileiras localizam-se na zona rural, detendo 5,6 milhões de matrículas, ou seja, reduziu-se 1 milhão de crianças, adolescentes e jovens do campo.

Os dados da Universidade Federal de São Carlos (UFSCar, 2017) mostram que "em 2014 entre os jovens das 923.609 famílias que viviam em 8.763 assentamentos no Brasil, 15,58% não foram alfabetizados; 42,27% cursaram apenas até a antiga 4ª série; 27,27% concluíram o ensino fundamental; 7,36% fizeram uma parte do ensino médio e 6,04% concluíram a educação básica".

Importante!

As políticas públicas são fruto da relação entre classe social, Estado, sociedade civil, capitalismo, momento histórico e contexto da inter-relação entre produção econômica, cultura e interesses dos grupos dominantes (Boneti, 2011).

Nesse contexto, é possível afirmar que há dois tipos de políticas públicas. Elas são apresentada por Fernandes (2015, p. 382): a primeira refere-se às **políticas de subordinação**. São aquelas "elaboradas por representantes ou ideólogos de uma classe para a outra, como forma de manter o controle, de possibilitar a manutenção de uma condição de existência" e para um desenvolvimento desigual da sociedade. Já a segunda diz respeito às **políticas emancipatórias**, "que são formuladas pelo protagonismo e pela participação", embasadas, portanto, na coerência entre as relações sociais e a produção territorial.

O que acontece atualmente, contudo, é a representação dos interesses das elites globais, a qual se manifesta pela expressão da pobreza a que estão reduzidas as políticas públicas quando demandadas pela modernização da agricultura e pela expansão do agronegócio (Arroyo; Caldart; Molina, 2004). Assim, verificam-se a nucleação de escolas, as políticas de subordinação priorizadas nos últimos anos, o deslocamento da infância e de jovens para escolas urbanas, retirando-os de seus contextos social e cultural.

> Os territórios do agronegócio têm se valido de políticas públicas e privadas para se desenvolverem a partir da lógica do trabalho assalariado e da produção de *commodities* para exportação. Os territórios camponeses necessitam de políticas de desenvolvimento a partir da lógica do trabalho familiar, cooperativo ou associado, para a produção de diversas culturas para os mercados locais, regionais e nacional e para exportação. (Fernandes, 2015, p. 384)

No campo concreto da educação, os movimentos sociais reivindicam as políticas públicas de emancipação para universalizar o acesso a um direito da população do campo: a educação. Esse movimento constitui-se na intencionalidade de contrapor-se ao esvaziamento humano do campo, que ocorre em razão da correlação de forças com os interesses do capital.

O caminho volta-se para a luta por políticas públicas que sejam pensadas pelos sujeitos do campo, que priorizem sua cultura, seu saber e seu trabalho. Há uma busca, por meio das políticas públicas, pela concretização da condição dos camponeses como sujeitos do seu processo educativo. O que se espera, portanto, são políticas que afirmem, reconheçam e reforcem os ricos processos de educação e formação, bem como os processos culturais, éticos, identitários e inerentes a essa complexidade vivenciada pelos movimentos sociais (Arroyo; Caldart; Molina, 2004, p. 98).

2.4.1 Legislações específicas para educação do campo e o reflexo na escola do campo

Desde 2002, verifica-se o advento de algumas legislações que dão suporte para materializar propostas de políticas públicas de emancipação para a educação do campo, sob a lógica de inclusão dos sujeitos do campo.

Podemos citar, por exemplo, a Resolução CNE/CEB, n. 1/2002, que "estabelece diretrizes complementares, normas e princípios para o desenvolvimento de políticas públicas de atendimento da Educação Básica do Campo" (Brasil, 2002b). Além disso, também reconhece "o modo próprio de vida social e o de utilização do espaço campo como fundamentais, em da diversidade, para a constituição da identidade da população rural e de sua inserção cidadã na definição dos rumos da sociedade brasileira" (Brasil, 2002b). Temos, assim, um primeiro movimento para fundamentar as políticas.

Para dar prosseguimento, vejamos as resoluções, que foram fundamentadas na Resolução CNE/CEB n. 1/2002 e que permitem a construção de programas e projetos que desaceleram o quadro de fechamento das escolas:

» Resolução CNE/CEB n. 3, de 10 de novembro de 1999 (Brasil, 1999), que estabelece as diretrizes nacionais para o funcionamento das escolas indígenas. Essa resolução é anterior à CNE/CEB n. 1/2002, mas já apresentava elementos de complementariedade, como a preocupação com a cultura – "o ensino ministrado na língua materna das comunidades atendidas" (Brasil, 1999). A organização da escola indígena requer participação da comunidade. A Resolução n. 3/1999 dispõe sobre a formulação do projeto pedagógico próprio ou por povo indígena. Nota-se que há uma preocupação em preservar a cultura e o saber indígena. Isso vem ao encontro das discussões que foram realizadas mais tarde na II Conferência por Educação do Campo (Brasil, 2004a, p. 2), que explicitou em seu documento: "o estímulo à construção de novas relações sociais e humanas, e combata todas as formas de discriminação e desigualdade fundadas no gênero, geração, raça e etnia".

» Decreto n. 6.040, de 7 de fevereiro de 2007 (Brasil, 2007), que institui a Política Nacional de Desenvolvimento dos Povos e Comunidades Tradicionais. O art. 3º, inciso V, refere-se à garantia e à valorização das formas tradicionais de educação dos povos e comunidades tradicionais do Brasil. Há, também, uma preocupação com o acesso às políticas públicas, que é reforçado no inciso X do mesmo art. 3º.

» Resolução n. 2, de 28 de abril de 2008 (Brasil, 2008), que dispõe sobre as diretrizes para a implantação das políticas públicas que atendem à educação básica do campo. O art. 5º dessa resolução expõe preocupação com a inclusão das pessoas com necessidades especiais: "os sistemas de ensino adotarão providências para que as crianças e os jovens portadores de necessidades especiais, objeto da modalidade de educação especial, residentes no campo" (Brasil, 2008). Já seu art. 3º faz referência ao processo de nucleação, que atualmente está sendo implantado pelos municípios: "educação infantil e os anos iniciais do ensino fundamental serão sempre oferecidos nas próprias comunidades rurais, evitando-se os processos de nucleação de escolas e de deslocamento das crianças" (Brasil, 2008). Isso acaba demonstrando que a política implantada na realidade difere muito da regulamentação, pois é uma relação de poder que se constitui pelos grupos econômicos e políticos, pelas classes sociais e por demais organizações. As especificidades das comunidades do campo são objeto de seu art. 6º, que diz: "a organização e o funcionamento das escolas do campo respeitarão as diferenças entre as populações atendidas quanto à sua atividade econômica, seu estilo de vida, sua cultura e suas tradições" (Brasil, 2008). Também o mesmo artigo traz a questão da necessidade de formação inicial e continuada dos educadores e educadoras, específicas para educação do campo, atendendo a uma luta dos movimentos expressada em conferências, seminários e marchas.

» Decreto n. 7.352/2010, que dispõe "sobre a política de Educação do Campo e o Programa Nacional de Educação na Reforma Agrária (PRONERA)". O inciso I do parágrafo 1º de seu art. 1º traz a definição das populações do campo e da escola do campo. E no parágrafo 4º, explicita-se a concretude da educação do campo, por meio da oferta de formação inicial e continuada de profissionais da educação, além da "garantia de condições de infraestrutura e transporte escolar, bem como de materiais e livros didáticos, equipamentos, laboratórios, biblioteca e áreas de lazer e desporto adequados ao projeto político pedagógico em conformidade com a realidade local e a diversidade das populações do campo" (Brasil, 2010). Esse parágrafo reforça as reivindicações dos movimentos sociais, reafirmando isso como elemento fundamental para que realmente as populações do campo tenham acesso ao direito à educação.

» Resolução/CD/FNDE n. 6, de 17 de março de 2009 (Brasil, 2009), que traz orientações e diretrizes para a operacionalização financeira dos projetos educacionais que promovam o acesso e a permanência na universidade de estudantes de baixa renda e grupos socialmente discriminados. Existe a intencionalidade da inclusão dos povos, por meio dessa resolução que orienta programas e projetos vinculados à educação. Um exemplo é o Programa de Apoio à Formação Superior e Licenciaturas Interculturais Indígenas (Prolind), que apoia os "projetos de cursos de licenciaturas específicas para a formação de professores indígenas para o exercício da docência nas escolas indígenas" (Brasil, 2019b). Já o Programa de Apoio à Formação Superior em Licenciatura em Educação do Campo (Procampo) tem como prioridade a implementação de cursos regulares de licenciatura em educação do campo nas instituições públicas de ensino superior, voltados especificamente à formação de educadores para a docência na segunda fase do ensino fundamental (quatro anos finais) e ensino médio, nas escolas do campo (Brasil, 2019b).

Diante desse panorama, é impossível pensar a educação do campo sem referi-la aos sujeitos concretos e históricos, à infância, à adolescência, à juventude, aos adultos e aos idosos que vivem no campo. A educação faz parte da estratégia de inclusão. É essencial encará-la como direito universal, como direito humano, em busca de seu desenvolvimento pleno (Caldart, 2004a).

Síntese

Neste capítulo, estabelecemos a diferenciação entre educação do campo e educação rural. Para facilitar a comparação, elaboramos o Quadro 2.1, a seguir:

Quadro 2.1 – Comparativo entre educação rural e educação do campo

Educação rural	Educação do campo
Marca histórica da concepção de atraso.	Luta pela educação básica do campo.
Dependência de uma agricultura capitalista.	Vínculo com os sujeitos sociais do campo.
Educação como instrumento de consolidação das relações capitalistas. O foco é no resultado, e não nos sujeitos.	A educação considerada como processo de formação humana, que estabelece referências culturais, históricas, econômicas, ecológicas e políticas, com vistas à emancipação e à intervenção dos sujeitos na realidade.

(continua)

(Quadro 2.1 – conclusão)

Educação rural	Educação do campo
Consolidação do capitalismo na sociedade, independentemente da qualidade de vida.	Qualidade de vida.
Os programas e as ações do Estado na escola rural têm vínculo com a influência internacional.	As escolas do campo têm projetos político-pedagógicos vinculados à comunidade, ao processo histórico, à educação para a autonomia cultural, às lutas dos povos do campo, à democratização e à vida do campo.
O camponês é visto como instrumento de uma ação do Estado.	Os movimentos sociais são vistos como sujeitos da educação do campo.
O campo é considerado local de atraso, e a cidade é sinônimo de qualidade de vida – separação e dicotomia.	Não existe dicotomia entre campo e cidade, há um vínculo de cooperação e valorização de ambos os espaços.
A sociedade capitalista serve como modelo de cultura e divisão de trabalho.	Há valorização do trabalho como princípio educativo e cultura como matriz formadora.
Firma a relação com a sociedade capitalista.	Projeto popular de sociedade.

Devemos, ainda, retomar o significado de educação "do" e "no" campo. *No* diz respeito ao direito do povo de ser educado no lugar onde vive. *Do* refere-se ao direito do povo a uma educação que considera seu lugar e sua participação, vinculada à sua cultura e às suas necessidades.

Indicações culturais

OS DESAFIOS do professor do campo. 2014. Disponível em: <https://www.youtube.com/watch?v=4yuQrwzizuk>. Acesso em: 21 fev. 2019.

Para complementar o conteúdo apresentado até o momento, indicamos um curta metragem, chamado Os desafios do professor do campo. *O filme apresenta a realidade da educação na zona rural do Rio Grande do Sul, ajudando a entender melhor a escola do campo.*

BRASIL. Ministério da Educação. Conselho Nacional de Educação. Câmara de Educação Básica. Resolução n. 2, de 28 de abril de 2008. **Diário Oficial da União**, Brasília, DF, 29 abr. 2008. Disponível em: <http://portal.mec.gov.br/arquivos/pdf/resolucao_2.pdf>. Acesso em: 21 fev. 2019.

É importante que algumas legislações sejam objeto de estudo, pois trazem elementos de discussão para a escola do campo, tanto para o projeto pedagógico quanto para as políticas de apoio. Indicamos, assim, a leitura da íntegra da resolução sobre o funcionamento das políticas públicas do campo no âmbito escolar.

BRASIL. Ministério da Educação. Conselho Nacional de Educação. Câmara de Educação Básica. Resolução n. 1, de 3 de abril de 2002. **Diário Oficial da União**, Brasília, DF, 9 abr. 2002. Disponível em: <http://portal.mec.gov.br/cne/arquivos/pdf/CEB012002.pdf>. Acesso em: 21 fev. 2019.

Além disso, é possível ter acesso ao documento que traz as Diretrizes Operacionais da Educação Básica, item essencial para as discussões iniciais dos grupos escolares.

Atividades de autoavaliação

1. Analise as afirmações a seguir e indique V para as verdadeiras e F para as falsas:

   ( ) A educação do campo assume o vínculo com os sujeitos sociais do campo, considerando a dimensão da universalidade.

   ( ) A construção do projeto político-pedagógico da escola do campo é construída pelo coletivo da comunidade escolar.

   ( ) A escola do campo é um espaço de vida, de ressignificação dos sujeitos e de valorização da cultura das comunidades.

   ( ) A educação do campo resulta de uma política de Estado que tem a educação como prioridade da ação governamental.

2. Assinale a alternativa que apresenta alguns princípios que consolidam a identidade da educação do campo:

   a) a formação humana vinculada a uma concepção de campo; o projeto político-pedagógico fundamentado em uma gestão democrática; a expressão *campo*, que retrata a luta dos movimentos sociais.

   b) o projeto político-pedagógico construído pelos docentes; a luta dos movimentos sociais vinculada ao agronegócio; a expressão *educação do campo* relacionada à luta do Estado na priorização da zona rural.

   c) a qualidade na oferta de uma educação geral; a consideração das especificidades e necessidades da escola; a integração da qualidade ao campo, priorizando as exportações de grãos.

   d) o oferecimento da escola do campo à base comum nacional; o atendimento das especificidades dos professores; a integração da qualidade de vida por meio da oferta de capacitações profissionais.

3. Analise as afirmações a seguir e indique V para verdadeiras e F para falsas:

( ) a educação do campo tem um processo histórico de lutas e de participação dos diversos movimentos sociais, buscando a emancipação destes sujeitos.

( ) as políticas públicas para educação do campo tem uma lógica de inclusão dos sujeitos do campo.

( ) as Diretrizes Operacionais da Educação Básica do Campo resultaram da intencionalidade de um governo para fazer o processo de inclusão do público indígena.

( ) a construção de políticas públicas por meio da pressão dos movimentos sociais foram construídas sem considerar a diversidade dos sujeitos que moram e vivem no campo.

4. Sobre as Diretrizes Operacionais da Educação Básica do Campo (Brasil, 2002b), é correto afirmar:

a) As diretrizes foram construídas diante da necessidade do Estado de atender as populações específicas do campo.

b) Nas diretrizes, fica claro que o projeto institucional das escolas do campo é expressão do trabalho dos docentes comprometidos com o acesso da educação escolar.

c) Com a leitura das diretrizes, percebe-se que não há referência aos arts. 23, 26 e 28 da Lei n. 9.394/1996, prejudicando o princípio da diversidade do campo.

d) As diretrizes dispõem que deve haver um controle social da qualidade da educação escolar, materializada na efetiva participação da comunidade do campo.

5. Considere a construção de um projeto político-pedagógico da escola do campo que pondere o desenvolvimento sustentável das comunidades desse meio. Assinale a alternativa que

apresenta o elemento obrigatório para a elaboração desse projeto, observando a identidade do tipo de escola:

a) Participação da comunidade escolar.

b) Contribuição dos gestores do Estado.

c) Participação das empresas parceiras dos agricultores.

d) Contribuição do Senar (Sistema Nacional de Aprendizagem Rural).

Atividades de aprendizagem

Questões para reflexão

1. O estudo realizado até o momento viabiliza a reflexão sobre as mudanças da escola rural da década de 1970 para a escola do campo da atualidade? Dialogue com seus pares sobre as modificações percebidas no decorrer do tempo.

2. A educação do campo pode ser considerada um como um salto qualitativo para as populações que vivem e moram no campo?

Atividades aplicadas: prática

1. Neste capítulo, analisamos vários temas importantes sobre a escola do campo e seu projeto pedagógico. Procure, na sua realidade, alguma escola do campo e faça uma entrevista com os educadores a respeito das seguintes questões: a) Que ações ou atividades pedagógicas são relacionadas com a realidade do sujeito do campo?; b) A comunidade no entorno da escola é estimulada a participar do ambiente escolar?; c) A escola tem um projeto pedagógico voltado às populações do campo?. Registre em seu diário de bordo e compare com o conteúdo deste capítulo.

2. As políticas públicas estão presentes em nosso dia a dia. Pesquise, na sua localidade ou região, políticas públicas implantadas especificamente para as populações do campo e registre-as em seu diário de bordo.

3

Educação popular e cultura popular como possibilidade de construção de conhecimentos

Agora que já abordamos as principais especificidades da educação do campo, apresentaremos os contextos histórico e político em que surge e é reconhecida a educação popular. Vamos debater o conceito do termo, buscando também entender o que chamamos de *cultura popular*, bem como suas relações. De posse dessas definições, avançaremos na exploração das possibilidades na construção de conhecimentos no contexto da educação do campo.

3.1 Educação popular e seu contexto

Iniciaremos estimulando sua memória histórica, com o objetivo de situar o que acontecia no cenário mundial e o que trouxe fortes influências para o Brasil. O contexto relativo à educação popular encontra-se no final da primeira metade do século passado. Vamos aos fatos.

O pós-Segunda Guerra Mundial (ano de 1945) ensejou o período denominado *Guerra Fria*, ou seja, a luta pelo exercício de poder em um mundo dividido em dois blocos: o capitalista, liderado pelos Estados Unidos, e o comunista, liderado pela União Soviética.

Logo após o final da Segunda Guerra Mundial, os países vencedores, liderados pelos Estados Unidos, criaram, em 24 de outubro de 1945, a **Organização das Nações Unidas (ONU)**[i], ou simplesmente **Nações Unidas,** com sede nos Estados Unidos. Por ser uma instituição intergovernamental, tinha como objetivo promover a cooperação internacional, com vistas a impedir outro conflito, como havia sido a Segunda Guerra Mundial. Na época de

---

i.   Para saber mais sobre a ONU, confira: ONUBR, 1945.

sua fundação, era constituída por 50 países-membros; hoje, conta com 193. Porém, a liderança ainda é estadunidense.

Importante!

Entre os objetivos da ONU estão: a preocupação com a manutenção da segurança e paz mundial; a promoção dos direitos humanos; o auxílio no desenvolvimento econômico e no progresso social; a proteção ao meio ambiente; e a promoção humanitária, auxiliando os países em situação de fome, desastres naturais e conflitos armados.

Em nome da causa dos menos favorecidos, a ONU criou, no mesmo ano, uma agência, a **Organização das Nações Unidas para a Educação, a Ciência e a Cultura (Unesco**[ii]**)**. A agência teria como missão dar sustentação aos objetivos da ONU, porém, com foco específico para o desenvolvimento da educação, das ciências naturais, sociais e humanas e das comunicações e informações.

Como fica claro, um dos objetivos tanto da ONU quanto da Unesco era e é a promoção do desenvolvimento, que tinha e tem por caminho a alfabetização. Para tanto, em novembro de 1947, a Unesco passou a estimular a realização de programas nacionais de educação de adultos. Contudo, o conceito de desenvolvimento expresso em seus documentos, como enfatiza Fávero (2006, p. 23), refere-se "ao desenvolvimento como decorrente da evolução normal da sociedade, assumindo o progresso das nações desenvolvidas como um padrão a ser alcançado por todos os países". Essa concepção, desde então, fica impregnada em nossa cultura. Portanto, trata-se de uma influência que tem um conceito de atraso e de desenvolvimento,

ii. Para saber mais sobre a Unesco, confira: Unesco, 2019.

mas desenraizada dos distintos países em que se propõe a atuar, de suas culturas, de suas histórias e de suas necessidades.

No Brasil daquela época, a proposta política, econômica e cultural era fortemente influenciada pelos Estados Unidos, porém, no final da década de 1950, a Revolução Cubana rompe com a hegemonia capitalista e torna Cuba um país comunista. Esse fato histórico e político fortalece, no Brasil, alguns movimentos incipientes, que buscavam mudanças nas áreas da política, da economia e da educação, entre outras.

O simbolismo e, até mesmo, a concretude da Revolução Cubana passaram a anunciar que havia possibilidade de ruptura, o que estimulou movimentos que defendiam propostas de transformação de ordem social, consideradas injustas e inaceitáveis.

Evidentemente, como ensina a dialética, tudo tem seu contrário, ou seja, quem estava no poder – comando político e econômico do país – assumia para si as propostas estabelecidas pelo grande capital. Mostravam, portanto, que não queriam mudanças, pois se recusavam a ceder qualquer privilégio obtido até então. O contrário dessa situação manifestava-se no reconhecimento, por esses mesmos detentores do poder, das precárias condições de vida das pessoas nas regiões Nordeste, Norte e Centro-Oeste do país. Era um fato que poderia fortalecer a revolta de movimentos sociais e políticos e, quem sabe, transformar o país em outra Cuba.

Nesse período, no Brasil, algumas forças se aglutinavam em torno da inciativa da Igreja Católica, que, por meio da Conferência Nacional dos Bispos do Brasil (CNBB), em março de 1961, criou o Movimento de Educação de Base (MEB), com o apoio do governo federal[iii].

---

iii. Mencionamos esse movimento no Capítulo 1, agora, vamos retomá-lo sob outra perspectiva.

Conforme Fávero (2006, p. 20), o MEB foi criado com o objetivo de "desenvolver um programa de educação de base por meio de escolas radiofônicas, junto às populações das áreas subdesenvolvidas do Norte, Nordeste e Centro-Oeste do país". Essas escolas radiofônicas passaram a ser reutilizadas em 1960, com base na experiência do processo de alfabetização de adultos ocorrido, com sucesso, em Valença, no Rio de Janeiro. Porém, segundo o autor, a origem dessa experiência aconteceu em 1950, na Colômbia, quando houve a Acción Cultural Popular (ACPO) (Fávero, 2006).

Segundo o historiador Caio Prado Junior (1966), o Brasil da década de 1960 reunia condições que caracterizavam um momento pré-revolucionário, no qual as reformas e transformações reivindicadas pelo povo poderiam ser capazes de reestruturar a vida do país, "atendendo, assim, às aspirações da grande massa de sua população que, no estado atual (daquele momento), não são devidamente atendidas" (Prado Junior, 1966, p. 3).

Importante!

A proposta educacional vigente se manifestava em um currículo que tinha como centralidade a preparação dos educandos para o mercado de trabalho, a indústria e a agropecuária, que passava por um processo de modernização. Do outro lado, o movimento que reivindicava mudanças lutava pela instauração de uma educação formadora da consciência nacional e que instrumentalizasse seus sujeitos, visando a radicais transformações político-sociais na sociedade brasileira como possibilidade de uma formação emancipatória.

Nesse contexto dos anos 1960, o Brasil procurava definir o papel da cultura, mergulhado em um tensionamento de interesses originado pelas propostas dos países capitalistas e dos países socialistas. Fávero (1983, p. 8) apresenta detalhes que ajudam a entender melhor essa situação:

> os anos 1960-64 foram particularmente críticos e criativos em quase tudo. Questionaram-se todos os modos de ser brasileiro, de viver um momento da história desse país, de participar de sua cultura. Pretendeu-se um projeto político que possibilitasse superar a dominação do capital sobre o trabalho e, em decorrência, reformular tudo o que dessa dominação decorre. Tudo isso – e muito mais – foi repensado e discutido em círculos cada vez mais amplos, das ligas camponesas às universidades.

Com esse movimento, pretendia-se alcançar a organização de um projeto político-educacional baseado na conscientização e na politização das classes populares, com possibilidade de libertação da dominação do capital. O objetivo, portanto, era o de transformar a cultura brasileira e, por meio dela, "transformar a ordem das relações de poder e da própria vida do país" (Fávero, 1983, p. 9). O autor ainda ressalta que compreender "o problema do analfabetismo e a falta de vagas nas universidades, não está desligado das condições de miséria do camponês, nem da dominação imperialista sobre a economia do país" (Fávero, 1983, p. 51).

Paulo Freire já era um dos principais expoentes da educação e, desde essa época, fazia coro com outras grandes expressões desse tempo, como Anísio Teixeira, Fernando de Azevedo, Lourenço Filho Almeida Junior e outros. A crítica de todos eles dizia respeito à organização e ao funcionamento da educação escolar brasileira.

O juízo crítico de Freire ao ensino e às reflexões sobre as próprias atividades que desenvolvia tinha como fundamento sua concepção de homem/mulher, sua compreensão acerca da realidade brasileira e o projeto de construção de sociedade desenvolvida, independente e democrática no país (Beisiegel, 2008).

Em 1959, Paulo Freire prestou concurso para a cadeira de História e Filosofia da Educação na Escola de Belas Artes de Pernambuco da Universidade do Recife. Para tal, desenvolveu a tese intitulada *Educação e atualidade brasileira* e, nela, expressou suas principais preocupações com a educação da época e sua proposta de transformação social. Afirmava que o grande problema da educação e do ensino residia na "inadequacidade com o clima cultural [...]. É uma educação em grande parte, ou quase toda, fora do tempo e superposta ao espaço ou aos espaços culturais do país. Daí a sua inorganicidade. A sua ineficiência" (Freire, 2001, p. 79).

Nesse cenário, em 1963, Freire desenvolveu a proposta de alfabetização de adultos, em Angicos, no Rio Grande no Norte. Tratava-se de algo maior do que um processo de alfabetização – o qual também julgava importante –, pois almejava uma educação que transcendesse a erradicação do analfabetismo, que eliminasse a inexperiência democrática. Isso aconteceria por meio de uma educação para a democracia, no movimento com uma sociedade que caminha para a democratização. A partir desse conceito de sociedade, Freire defendeu uma escola vinculada à vida na leitura da palavra, não na esvaziada. Buscava a palavra rica de realidade e de experiências, aquela em que o educando/a vai construindo sua consciência, indispensável à nossa democratização (Freire, 2001).

3.2 Elementos fundantes dos conceitos de educação popular e de cultura popular

O ponto de partida para pensar ou repensar uma situação normalmente é o incômodo que ela causa. Para Paulo Freire (2001), a escola da década de 1950 e início da década de 1960 era marcada pelo esvaziamento de sentido e de propósitos que a aproximasse da realidade de seus estudantes e de seu tempo, na direção da construção de um ser que saísse da situação de passividade para uma situação de participação e ingerência sobre sua vida e a da coletividade.

O educador Anísio Teixeira também já registrava sua insatisfação com o processo educacional brasileiro e, na obra *Educação e a crise brasileira* (1956), denunciou fatos como a redução da jornada de estudo escolar, que chegou a ficar em torno de três horas-aula. Ele também citou o emprego de professores mal preparados, o que resultava em um excesso de verbalismo e gerava a falsa concepção de ensino e aprendizagem, que o autor definia como "concepção mágica ou mística da escola" (Teixeira, 1956, p. 147).

Portanto, havia uma situação de escola verbalista, propedêutica antidemocrática e com uma proposta de ação vertical, de quem manda para quem deve executar. Quem recebia ou sofria essa violência educacional eram os estudantes e sua comunidade.

Freire (2001) propunha uma proposta de educação e de escola que fosse centrada na comunidade local, mas que também se visse vinculada à regional e à nacional. Mas o que há de diferente na proposta freireana? De modo geral, o ponto de partida se inverte. Ele não é mais vertical, mas também não deixa de dialogar com o global. Partindo da comunidade, torna-se horizontal, toma como referência os valores e a realidade de seu tempo. Além disso, reconhecendo as distintas realidades, coloca os estudantes e seu contexto no centro do processo, em que a preparação para o trabalho não é o fim, mas o ponto de partida para o processo educativo e de reflexão dos estudantes. Dessa forma, estes percebem-se sujeitos de uma sociedade de classes.

Houve, assim, um processo de transição de uma escola meritocrática, propedêutica e superposta à sua comunidade para o de uma escola que viabilizasse que seus sujeitos – estudantes, professores, comunidade – assumissem as funções social e política da escola de seu tempo e de seu lugar com base em suas realidades. Isso passa, necessariamente, pela assunção de que as condições culturais são pontos de partida para a construção da democratização da escola e da comunidade.

A essa educação e a essa escola antidemocrática, Paulo Freire, na obra *Pedagogia do oprimido* (1987), denomina *educação bancária*, ou seja, a educação resume-se a

> um ato de depositar, transferir, de transmitir valores e conhecimentos, [...] onde o educador é o que educa; os educandos, os que são educados; o educador é o que sabe; os educandos não sabem; o educador é o que pensa; os educandos, os pensados; o educador é o que diz a palavra; os educandos, os que escutam docilmente; o educador é o que disciplina; os educandos, os disciplinados; o educador é o que opta e prescreve sua opção; os educandos, os que seguem a prescrição; o educador é o que atua; os educandos, os que têm a ilusão de que atuam, na atuação do educador; o educador escolhe o conteúdo programático; os educandos, jamais são ouvidos nesta escolha,

se acomodam a ele; o educador identifica a autoridade do saber com sua autoridade funcional, que opõe antagonicamente à liberdade dos educandos; estes devem adaptar-se às determinações daquele; o educador, finalmente, é o sujeito do processo; os educandos meros objetos. (Freire, 1987, p. 59)

Importante!

O movimento proposto por Freire é o da libertação e o do reconhecer-se como sujeito de sua história, portanto protagonista, e não mero coadjuvante ou espectador da própria vida.

Assumir ou aceitar passivamente o processo de educação bancária significa reconhecer que, na relação de opressor e oprimido, a educação opressora, bancária, assume o papel de transformar a mentalidade dos oprimidos, e não a situação que os oprime. Transformar a mentalidade do oprimido significa domesticá-lo, esvaziar sua capacidade crítica e torná-lo um bom cumpridor de tarefas. Portanto, seu contexto real e concreto constituído pela cultura de seu lugar e de sua comunidade é desconsiderado.

Importante!

Para a educação opressora, a educação (popular) ali constituída, embasada em valores do lugar e dos sujeitos, é avaliada como de segunda classe e, normalmente, desqualificada e desconsiderada.

Neste capítulo, já debatemos sobre a educação dominante e sua atuação frente aos dominados. Analisamos, também, a importância do contexto e do reconhecimento dos educandos como sujeitos, e não objetos, da história e de seus processos educativos. Com esses elementos, avançaremos para delinear as acepções de cultura popular e educação popular. Abordaremos com alguns elementos gerais sobre a cultura, para, em seguida, adentrarmos no significado desse termo, percebendo sua relevância para o Brasil da década de 1960.

3.2.1 Elementos gerais da cultura

A obra organizada por Fávero (1983), intitulada *Cultura popular e educação popular: memória dos anos 60*, traz consigo uma grande riqueza acerca da temática em estudo, sendo um dos clássicos da área. Será, portanto, nossa grande referência para avançarmos na discussão sobre cultura e educação popular.

O autor começa a trabalhar a cultura como um elemento fundamental na constituição das primeiras comunidades humanas, quando homens e mulheres, por meio do conhecimento e de sua ação, transformam o mundo natural em mundo da cultura. Nesse sentido, "a natureza em si não tem significação cultural, a não ser em relação ao homem/mulher; em outras palavras, a natureza exprime o que é **dado** ao homem/mulher e a cultura o que é **feito** pelo homem (Fávero, 1983, p. 15, grifo do original).

Considerando esse ponto de vista, a cultura pode ser distinguida sob dois aspectos: o subjetivo e o objetivo.

O aspecto **subjetivo** da cultura constitui-se da possibilidade do desenvolvimento humanizante dos sujeitos, seja individualmente, seja em grupos sociais ou, ainda, na perspectiva de humanidade, representando a ação de criação ou de apropriação do sentido do já criado em seus processos sobre a natureza.

O aspecto **objetivo** são as obras culturais expressas pelo processo de intervenção e transformação do homem sobre a natureza.

Com base nesses dois aspectos, Fávero (1983, p. 16, grifo nosso) define *cultura* como um

> **processo histórico** (e, portanto, de natureza dialética) pelo qual o **homem/mulher**, em relação ativa (conhecimento e ação) com o mundo e com os outros homens/mulheres, transforma a natureza e se transforma a si mesmo, construindo um mundo qualitativamente novo de significações, valores e obras humanas e realizando-se como homem/mulher neste mundo humano.

Ao aceitar a definição de cultura como processo histórico, torna-se possível adentrar nesse conceito com o intuito de alargar nosso entendimento. Sendo a cultura resultado da ação e relação que parte da iniciativa humana e, portanto, criadora da história ao transformar a natureza por sua ação e necessidade, podemos afirmar que uma das propriedades da cultura é ser **histórica**.

Importante!

Os sujeitos da história, ao criarem a cultura ou as culturas, consideram as necessidades de sua realização na condição de seres humanos. Essas necessidades são fundamentadas em valores essenciais para a realização humana, do ser-homem/mulher.

Na perspectiva do entendimento da cultura como processo histórico, Fávero (1983, p. 17) esclarece que a cultura histórica é autêntica quando "permite a encarnação de tais valores e, portanto, a construção de um mundo-para-o-homem/mulher". Assim, a cultura assume a manifestação e concretude da "expressão autêntica da consciência histórica real do homem (do grupo, da nação, da época)" (Fávero, 1983, p. 17).

Até este momento, já definimos a cultura como histórica e realizada por homens e mulheres. Derivada dessa condição, passamos a apontar suas outras propriedades, como a de ser social, pessoal e universal.

A cultura é **social** por ser produto da criação e das relações das pessoas, segundo valores que vão sendo construídos historicamente. Como resultado do processo entre humanos, a cultura "só tem sentido e validez enquanto processo de comunicação das consciências. O mundo cultural e o mundo humanizado, sendo *mundo-para-mim* é *mundo-para-o-outro*" (Fávero, 1983, p. 17). Logo, torna-se óbvio que o indivíduo isolado não realiza a cultura autêntica que discutimos até aqui. Se social, torna-se possível afirmar que a cultura é autêntica quando há uma comunicação de suas significações e de seus valores a todas as consciências, sejam do grupo, sejam da comunidade ou da nação em determinada da época.

A propriedade pessoal da cultura é caracterizada por ser uma iniciativa **individual**, em que a pessoa, no exercício de sua liberdade, supera o determinismo da natureza e, nas relações sociais de comunicação que realiza, sugere ou aceita significações, valores e ideais do mundo cultural em que está inserida. Fora do exercício de sua plena liberdade, por ser pessoal, a cultura é pluralista, portanto, tentar a imposição de um único padrão cultural é o exercício contrário do que até aqui apresentamos, ou seja, é tornar a cultura um instrumento de dominação e alienação das pessoas e da sociedade.

Outra propriedade da cultura é seu caráter **universal**, que emana da origem da cultura, ou seja, constitui-se como universal por ser uma produção humana e ter uma destinação humana. Além disso, é um processo que, por meio da comunicação, tende a tornar-se um elemento de mediação entre os homens/mulheres. Nesse processo, a universalidade da cultura se concretiza socialmente por meio da "comunicação das suas significações, valores, ideais, obras, a todas as consciências que vêm a se encontrar no âmbito da presença do mundo cultural em questão" (Fávero, 1983, p. 18).

Antes de finalizar a conceituação de cultura, é importante ressaltar que, assim como a criação cultural pode ser uma relação livre por sujeitos livres, em que o reconhecimento do outro e o exercício da solidariedade entre eles é a centralidade, dialeticamente, o contrário também pode ser verdadeiro. Mas, ao que nos referimos? Ao fato de que a criação cultural também pode ser utilizada para dominação. Portanto, quando há uma imposição de valores, significações, ideais e obras sobre todas as consciências, há uma cultura alienada e alienante, não humanizante, por negar o caráter universal.

3.2.2 Cultura popular no Brasil

O processo da cultura no Brasil tem sua base histórica no processo de colonização, marcado por uma sociedade dividida, basicamente, entre os detentores ou donos de terra e os trabalhadores dessa terra. As relações social e política decorrentes dessa organização se revelaram, e se revelam, em dominação política e exploração econômica.

Do outro lado dos dominantes estavam as populações rurais e os trabalhadores urbanos. Por suas condições socioeconômicas, eram moradores das fazendas e vilas, respectivamente trabalhadores rurais e trabalhadores urbanos. Ambos, com baixa escolaridade e em razão das condições já mencionadas, eram alvos fáceis da submissão a uma cultura alienante por meio de todos os meios de formação (escolas e livros) e informação (notícias, ideias, jornais, rádio, televisão e cinema).

Com as características comentadas até aqui, Fávero (1983, p. 22) aponta que a sociedade brasileira pode ser "composta por grupos culturalmente dominados e grupos culturalmente dominantes, que impõem uma cultura de reflexo e não de reflexão". Feita essa contextualização do processo de produção da cultura na história brasileira, passemos tratar da cultura popular.

A **cultura popular** começa a se constituir como uma possibilidade de resistência e, ao mesmo tempo, de reivindicação à assunção de seus valores, normalmente não reconhecidos pela cultura dominante. O desafio que se colocava era, ao fazer a crítica e a superação da cultura dominante, poder transformá-la ou resgatá-la como instrumento de promoção e realização humana, em que as pessoas se comunicassem em termos de reconhecimento.

Importante!

Construir a popular significa entrar em tensionamento ideológico com a cultura dominante, pois trata-se da construção de possibilidades que permitem a abertura das consciências em um grau de universalidade crescente.

A cultura popular é, então, um movimento de libertação do homem/mulher "e só tem sentido na medida em que promover o homem/mulher não só como receptor, mas principalmente como criador de expressões culturais" (Fávero, 1983, p. 23).

Para melhor definir *cultura popular*, buscamos o entendimento de Estevam (1983, p. 39), ao afirmar que o termo faz referência a uma forma particular de consciência: "a consciência política, a consciência que imediatamente deságua na ação política. Ainda assim, não a ação política em geral, mas a ação do povo". Decorre daí um movimento teórico (subjetivação e compreensão da situação) e um movimento prático (objetivação por meio da ação na situação). Juntos, eles ocasionam outro movimento, este de caráter ascensional das massas populares, revelando suas situações históricas e, portanto, criando condições objetivas de conquista do poder e de rompimento definitivo com a situação de tutelados e oprimidos.

Para Gullar (1983, p. 50), "é impossível entender o fenômeno da cultura popular sem levar em conta o tempo e espaço em que surgiu". Diante dessa ideia de contextualização no tempo e no espaço histórico, no Brasil, a cultura popular foi um movimento que buscou compreender o problema do analfabetismo, da deficiência de vagas nas universidades, da miséria do camponês e da dominação imperialista sobre a economia do país.

Para Brandão (2016, p. 103), a cultura popular brasileira da década de 1960 pretendeu "ser um corpo de ideias e práticas questionadoras do estado atual da sociedade desigual e de suas culturas". Apresentou-se, assim, como alternativa de transformação, com caráter revolucionário, por meio de um amplo leque de ações culturais e pedagógicas de caráter político e educacional.

Portanto, por meio do olhar dos vários autores aqui abordados, percebemos uma grande convergência na concepção de cultura popular, sendo ela reconhecida como um instrumento de luta e libertação de uma cultura alienante. A cultura dominante, por ser imposta pelas classes dominantes, violenta o ser daqueles que a ela não pertencem ou que com ela não comungam. Reconhecem como resultado objetivo da cultura popular a criação, o resgate e o reconhecimento de sua cultura como possibilidade de libertação da opressão.

3.2.3 Educação popular no Brasil

A educação popular decorre da cultura popular. Ao contrário do que muitas pessoas possam pensar, a educação popular não é resultado da educação erudita, do saber científico, tecnológico ou artístico, que, levado a escravos, a camponeses, ao povo, tornou-se empobrecido. Brandão (2012, p. 33) lembra que a diferença entre um e outro não está tanto nos graus de qualidade, mas "no fato de que um, 'erudito', tornou-se uma forma própria, centralizada e legítima de conhecimento associado a diferentes instâncias de poder, enquanto o outro, 'popular', restou difuso". Este último, portanto, não se vê centralizado em uma agência de especialistas ligadas ao polo do poder, mas no interior da vida subalterna da sociedade.

Apesar de constituírem duas instâncias de saber, o erudito e o popular não são paralelos, eles interagem entre si, seja pela oposição, seja pela apropriação. Brandão (2012) salienta que há um processo contínuo de expropriação erudita de segmentos do saber popular, como, por exemplo, na música, nas artes, na religião e na saúde.

É possível destacar também os processos de reapropriação popular de segmentos de um saber erudito, como, por exemplo, na saúde, quando curandeiros associam suas tradições à homeopatia. Diante dessas constatações, Brandão (2012, p. 34) afirma que "as relações do processo geral do saber não são autônomas, e portanto, observam trajetórias de articulações políticas equivalentes à outras práticas sociais necessárias".

Na educação popular que surge no Brasil por volta dos anos 1960, em um contexto político marcado pelo autoritarismo, coexistiam dois modelos de educação: um dirigido à classe dominante, que se preocupava em encaminhar seus sujeitos à universidade para a continuação da formação da elite; outro dirigido às classes populares para a formação de mão de obra. Esta última proposta, quando dirigida aos adultos, obedecia à lógica compensatória de reciclagem do saber escolar dos adultos carentes.

Preste atenção!

Em oposição à lógica compensatória, a educação popular, decorrente da cultura popular dessa época, organizava-se em torno de projetos de ressignificação política, social e pedagógica da educação.

É possível compreender a educação popular dos anos 1960 a partir da crítica feita ao sistema vigente (dominante) daquele momento, especialmente às formas tradicionais de educação de adultos e aos trabalhos agenciados de desenvolvimento de comunidades. Nesse contexto histórico e político, Brandão (2012, p. 91) destaca que a educação popular:

1. constituiu passo a passo uma nova teoria, não apenas de educação, mas das relações que, considerando-a a partir da cultura, estabelecem novas articulações entre a sua prática e um trabalho político progressivamente popular das trocas entre o homem e a sociedade, e das condições de transformação das estruturas opressoras desta pelo trabalho libertador daquele;

2. pretende fundar não apenas um novo método de trabalho "com o povo" através da educação, mas toda uma nova educação libertadora, através do trabalho do/com o povo sobre ela [...];

3. define a educação como instrumento político de conscientização e politização, através da construção de um novo saber, ao invés de ser um meio de transferência seletiva, a sujeitos e grupos populares, de um "saber dominante" de efeito "ajustador" à ordem vigente [...];

4. afasta-se de ser tão somente uma atividade de "sala de aula", de "escolarização popular", e busca alternativas de realizar-se em todas as situações de práticas críticas e criativas entre agentes educadores "comprometidos" e sujeitos populares "organizados", ou em processo de organização de classe;

5. procura perder, aos poucos (o que nem sempre consegue), uma característica original de ser um movimento de educadores e militantes eruditos destinado a "trabalhar com o povo", para ser um trabalho político sem projeto próprio e diretor de ações pedagógicas sobre o povo, mas a serviço dos seus projetos de classe.

Diante do exposto até aqui, é possível elaborar uma síntese, ainda que provisória, acerca da educação popular, entendendo-a como uma proposta em curso em vários lugares, que, além de uma atividade pedagógica, é um trabalho coletivo do povo. Por meio da cultura popular, torna-se possível explicitar e reconhecer as debilidades que originam a marginalização social, política e econômica. Ademais, se apoiados em sua cultura popular, os cidadãos reconhecem a possibilidade de transformar sua força social em força política de construção de uma nova ordem social.

3.3 Cultura e educação popular: possibilidades de construção de conhecimento

Muito se discute a respeito da forma pela qual a educação acontece nos dias de hoje. Isso acontece porque faltam respostas para várias perguntas, como: Por que estudo tal conteúdo? Qual é o sentido? Tem relação com quê? Qual sua utilidade em minha vida? Onde posso perceber esse conteúdo na realidade? Possivelmente, a carência de respostas deriva da não participação dos docentes e, menos ainda, dos discentes na construção dos currículos e dos conteúdos eleitos para a formação escolar e acadêmica.

Evidentemente, a ausência de participação desses personagens, e também da comunidade, na construção de currículos e conteúdos que constituem a formação escolar não é resultado apenas de um lapso, mas também de uma intencionalidade política. Isso porque, para assegurar a continuidade do projeto societário vigente e a manutenção do poder de quem domina, abrir mão desse privilégio seria um risco muito grande. Somado a esse fato, há também o entendimento, por parte de quem governa, de que ser o detentor de certezas, ou seja, de capacidade maior de pensar o que é melhor para o país, é aquele que dirige, e não o povo. Este último, portanto, seria apenas dirigido, como um objeto dos processos, e não como seu sujeito.

Na relação da cultura popular com a educação popular, o ponto de partida para a construção de currículos, conteúdos, relações e propostas pedagógicas não é vertical, pois não há imposição. Ao contrário, ele surge do diálogo igual entre seus sujeitos, que, por meio da cultura popular, evidenciam valores, os quais, em sua maioria, não são reconhecidos pela cultura dominante e, nesse movimento, recuperam e fortalecem suas identidades e redescobrem seus conhecimentos como válidos e importantes.

Essas ações não se desenvolvem livremente, mas tensionadas pela cultura e educação dominantes, o que evidencia suas condições de oprimidos. Esse arcabouço de movimentos, realizado por meio do esforço de mobilização e organização das classes populares, possibilita uma nova prática política, que dá corpo à construção de um projeto, de uma pedagogia "do oprimido", e não "para o oprimido", como defende Paulo Freire (1987) em sua obra *Pedagogia do oprimido*.

Ao ser estabelecido o diálogo direto, de característica dialética, ou seja, de idas e vindas (em movimentos de construção e reconstrução) entre a cultura popular e a educação popular, aflora a realidade concreta das pessoas e dos lugares. Eles passam a ser pontos de partida de uma prática educacional, que evidencia, desde o início, sua condição política.

Preste atenção!

A educação de caráter dominante também é política, mas, como sua intencionalidade não é de emancipar seus sujeitos, e sim de mantê-los tutelados, sua ação é revelada como neutra no que diz respeito à publicização. Isso lhe fornece uma condição de mais pureza científica no entendimento da classe dominante e da educação bancária.

A obra de Freire e Nogueira (2009) intitulada *Que fazer: teoria e prática em educação popular*, a qual recomendamos a leitura, traz, no capítulo inicial, a discussão sobre o que permeia a definição de educação popular. No diálogo entre os autores, surge o questionamento de como se organizaria um programa de ação e educação popular.

Os autores indagam, ainda, onde se "aninha o saber" ou como podem ser capturadas as relações entre as pessoas. Nesse caso, a resposta é o movimento de reflexão sobre essas situações, o que permite a apreensão crítica. Seu resultado seria o que os autores denominam de *conjunto de procedimentos que apreende à vida (capturada)*. Nesse sentido, interessa a realidade vivida e sua reflexão sobre ela a partir das inúmeras relações possíveis de uma vivência e de sua ligação com o conhecer e os conhecimentos constituintes dessa vida e do mundo. Esse conjunto funda o que os autores denominam de *programa de ação popular* (Freire; Nogueira, 2009).

Embora estejamos tratando da educação popular e de sua relação com a cultura popular, é importante contrastar com a educação bancária, que é como Freire (1987) se refere à educação dominante ao situar as diferenças entre elas. Nesta última, o conhecimento a ser estudado pelos alunos é disponibilizado a eles por meio de um pacote organizado previamente, sem participações ativas. De outro lado, na educação popular, o ponto de partida é a realidade das pessoas, de seus lugares, de seus conhecimentos e da relação que estabelecem com estes. É, portanto, uma construção de conhecimentos que faz sentido a seus sujeitos, que os tira da condição de recebedores passivos para tornarem-se sujeitos ativos, protagonistas de suas histórias.

Na construção de conhecimentos fundamentada na concepção de educação popular, não é preciso abrir mão do conhecimento sistematizado historicamente, até porque ele é também indispensável. Nesse caso, a grande diferença é que ele entrará na construção de novos conhecimentos de forma dialogada com os conhecimentos e com a cultura popular, não como verdade absoluta. Há, assim, mediação de uma posição política crítica de quem conhece sua situação dentro de uma sociedade de classes.

Os conceitos do conhecimento sistematizado passam a ser mediadores, "fazem a ponte entre a inteligência e a experiência vivida, eles iluminam o conteúdo já pressentidos no interior da prática" (Freire; Nogueira, 2009, p. 30).

Nessa proposta, o papel do educador popular ou do intelectual comprometido com lutas populares não é o de ser o dono da verdade, mas o papel de ser um observador atento das expressões coletivas e das práticas educativas que vão transformando a vida. Aprende com os demais sujeitos da aprendizagem, e "os conteúdos que esse educador vai manuseando são significativos" (Freire; Nogueira, 2009, p. 41).

Estudo de caso

Para finalizar este tópico da construção de conhecimentos por meio de educação e cultura popular, relataremos uma experiência estudada em um curso de Licenciatura em Educação do Campo da Universidade Federal do Paraná (UFPR), em parceria com uma instituição do Ministério Público, a Fundação Escola do Ministério Público do Estado do Paraná (Fempar).

O projeto, desenvolvido em 2016, fez com que acadêmicos e acadêmicas construíssem e reconstruíssem muitos conhecimentos por meio do resgate da cultura popular. O objetivo de tal proposta era o de proporcionar a catalisação de memórias comunitárias a partir de processos pedagógicos, assentados na identidade e no patrimônio cultural (material e imaterial) quilombola.

Dessa forma, foi organizada uma carga horária de 160 horas, dividida em torno de quatro núcleos de atividades: oficinas de ciranda da memória, educomunicação, planejamento e teatro de bonecos. O objetivo do desenvolvimento das atividades era que as oficinas de ciranda da memória e de educomunicação servissem de ferramentas e propusessem aos educandos e educandas a coleta de histórias no âmbito da memória coletiva das comunidades quilombolas da região. Isso, por sua vez, alimentaria as oficinas de planejamento. O intuito final, assim, era o de expressar a síntese da produção dos/das estudantes por meio do teatro de bonecos.

Como se observa, a finalidade da proposta assentava-se na perspectiva de resgate da cultura popular e educação popular como caminho metodológico de desenvolvimento da formação acadêmica. Dessa forma, as memórias seriam ressignificadas por meio da linguagem artística do teatro de bonecos, gerando, em sua etapa final, um processo participativo e coletivo de elaboração, produção e apresentação de uma peça embasada em reflexões e reconstruções da memória quilombola.

Fonte: Elaborada com base em Paraná, 2016.

Conhecer é reconhecer que uma comunidade humana existe como processo histórico de caráter dialético, em que homens e mulheres produzem conhecimentos e ações com o mundo e, no diálogo com outros homens e mulheres, "transformam a natureza e se transformam a si mesmos, construindo novos conhecimentos, novas ações, novas significações e novos valores" (Fávero, 1983, p. 16).

A proposta de construção de conhecimentos desenvolvida e exposta no Estudo de Caso abarcou o que já mencionamos por meio de Fávero (1983, p. 17) acerca das propriedades da cultura, quais sejam:

» **caráter histórico**, em virtude da iniciativa humana;

» **caráter social** como processo de comunicação das consciências;

» **caráter pessoal**, que se concretiza no apelo à realização da pessoa e no ativo e livre consentimento "das significações, valores e ideias do mundo cultural em que o indivíduo se insere";

» **caráter universal** como elemento de mediação entre homens e mulheres na efetivação da comunicação de suas significações, seus valores, suas ideias e suas obras.

Das oficinas propostas no estudo de caso, damos ênfase à *Oficina da ciranda da memória*, destacando seus principais movimentos como possibilidade de diálogo com a produção ou resgate da cultura e da educação popular. Essa oficina mobilizou os acadêmicos e acadêmicas que, por sua vez, demandaram suas famílias, resgatando, nas histórias, aspectos socioculturais como: história de constituição dos grupos quilombolas; "saberes"; "fazeres"; formas de sociabilidade e tradições; episódios marcantes da história local; conhecimento sobre plantas medicinais; culinária; hábitos diários; brincadeiras e músicas.

O desenvolvimento dessa oficina com o coletivo da turma de Licenciatura em Educação do Campo ocorreu a partir do levantamento de palavras geradoras. Foram destacadas as palavras de maior incidência, como: disposição, criatividade, união, amizade, voz, energia, trabalho, histórias, memórias e felicidade. A provocação que seguiu a exposição dessas palavras era sempre de questionamento, principalmente por meio da seguinte pergunta: "De que maneira as histórias do meu povo influenciam minhas vontades como indivíduo?". Após a apresentação dos participantes, realizada mediante a recapitulação da história local, cada um acrescentava suas vivências, referenciadas na cultura quilombola. Como resultado e registro desses questionamentos, foram confeccionados livros didáticos, frutos dos muitos diálogos com pessoas mais velhas do quilombo, incluindo parentes e vizinhos. Isso deu corpo à reconstituição de memórias de lutas, de experiências, de resistência, do folclore, da cultura de cuidados com a saúde, de sabores e de amores.

O projeto proposto foi embasado em conceitos da educação e cultura popular, sendo desenvolvido em um espaço curricular formal, onde tradicionalmente não há diálogo. Porém, foi possível perceber a potencialidade, a propriedade e o sentimento de protagonismo emancipatório, por parte dos acadêmicos e acadêmicas, na construção de conhecimentos sobre a cultura e educação popular.

A produção permitiu que fosse percebido o impacto no afloramento das identidades em questão, juntamente às de seus familiares, criando situações de ressignificação do entendimento do que é ser docente do campo em uma comunidade quilombola. O exercício despertou a compreensão dos estudantes da importância de externarem a sua palavra, a partir do que foram, são e desejam ser.

Percebemos que a educação popular em diálogo com a cultura popular construiu sentido e possibilitou múltiplas relações com suas formações docentes universitárias. Portanto, por meio da cultura e educação popular, reconstitui-se outro currículo para além do oficial, não necessariamente de forma excludente, mas em diálogo, ressignificando-o e expandindo-o.

3.4 O campo pedagógico do trabalho do educador popular na relação com os sujeitos do campo

A ação do educador popular não está em fazer discursos, mas em "inteirar-se de expressões coletivas da prática educativa que vai transformando a vida. Os conteúdos que esse educador vai manuseando são significativos, vai se compondo aí um programa de ações e conteúdos da luta popular" (Freire; Nogueira, 2009, p. 41).

O assentimento da decisão política do educador popular ao trabalhar com os sujeitos do campo revela-se como uma ação política que explicita a consciência de trabalhar com um povo historicamente excluído e, portanto, no exercício de práticas que rumem para a liberdade, e não para a subalternidade. Isso envolve realizar a crítica e não assumir os saberes da cultura erudita como ponto de partida de seu trabalho, mas reagir a ela a partir da história de luta e resistência dos povos do campo.

Ao passo que a educação oficial e suas agências ensinam e selecionam "pessoas de corpos e espíritos iguais, sujeitos se devolvem ao mundo desiguais, destinado uns ao trabalho e outros ao exercício do controle dos que trabalham; inculcam à força o saber que oculta ao imaginário solto da consciência os instrumentos da crítica dos seus absurdos reais" (Brandão, 1982a, p. 19). Ao educador popular cabe a tarefa de realizar o contrário, que, dialeticamente, também é verdadeiro, ou seja, reconhecer que o povo, mesmo sob os grilhões e as regras da opressão, tem sua cultura popular, tem seu trabalho "solidário e inteligente que cria a prática política da classe pelo seu interior, tanto a cultura que ali existe quanto as suas redes sociais de trocas simbólicas começam a se mover e são transformadas" (Brandão, 1982a, p. 21). Alimenta-se, assim, a possibilidade da construção de outro arcabouço político pedagógico para a atuação com os sujeitos do campo.

Uma das características das manifestações do conhecimento dos povos do campo, no que diz respeito ao campo pedagógico, é a **oralidade**. A cultura popular e os saberes por ela manifestos são mais orais do que escritos. Isso quer dizer que, metodologicamente, devemos inverter o processo tradicional, que parte do pacote curricular pronto para ser aberto e depositado sobre o educando, cobrando-lhe leitura e memorização de algo que não tem relação com sua vida. Inverter o processo educativo significa que o ponto de partida será a escuta de suas narrativas como estratégia metodológica de descobrir caminhos e nexos para ressignificar os conteúdos técnicos da profissão, na comunhão com a concretude da vida de seus educandos.

Se o ponto de partida da educação popular reside na realidade vivida pelos sujeitos do campo, implica, necessariamente, que educador e educandos, juntos, façam uma imersão em sua cultura ou, como diria Karel Kosik (1976, p. 30), realizar "um *détour* (onde) o concreto se torna compreensível através da mediação do abstrato, o todo através da mediação parte". Esse adentramento na realidade dos sujeitos do campo, com quem queremos trabalhar, pode possibilitar uma gama de conhecimentos geradores de um campo pedagógico revelador de uma totalidade concreta. Nela, estarão concentradas as múltiplas relações de seus sujeitos e também quanto ao meio, considerando suas construções culturais históricas e suas condições objetivas, bem como suas contradições.

Importante!

Revelar a totalidade concreta e as múltiplas relações que constituem a cultura e o campo pedagógico de ação em que o educador pretende trabalhar, no caso específico dos sujeitos do campo, implica saber que as construções históricas não são lineares. Elas são datadas, localizadas e geradas no tensionamento entre uma classe que domina e uma classe que é dominada.

A **pedagogia da classe dominante** efetiva-se em um processo de violência simbólica, em que o opressor inculca no oprimido valores seus, reforçando os valores de menos valia do oprimido e de sua cultura. Nessa direção, Paulo Freire (1987, p. 32) assim elucida em sua obra *Pedagogia do oprimido*:

> o grande problema está em como poderão os oprimidos, que hospedam o opressor em si, participar da elaboração, como seres duplos, inautênticos, da pedagogia de sua libertação. Somente na medida em que se descubram 'hospedeiros' do opressor poderão contribuir para o partejamento de sua pedagogia libertadora" Complementa o autor afirmando que enquanto o oprimido viver a "dualidade na qual ser é parecer e parecer é parecer com o opressor, é impossível fazê-lo.

Nesse processo, o conhecimento de si mesmo fica submerso nas representações a ele impostas pelo opressor, que determina ao oprimido a adesão à cultura do opressor como forma de reconhecimento social, o que abafa a consciência de si e de classe oprimida.

O quadro de contradições até então explicitado revela que o campo pedagógico em que queremos atuar como educadores populares é permeado por distintos interesses e intencionalidades políticas. A respeito do trabalho com os sujeitos do campo, Freire (1987, p. 49) lembra que "dentro do mundo mágico ou místico em que se encontra a consciência oprimida, sobretudo a camponesa, quase imersa na natureza, encontra no sofrimento, produto da exploração em que está, a vontade de Deus como se Ele fosse o fazedor desta 'desordem' organizada". Ou, ainda, nessa mesma perspectiva de alienação e aderência ao opressor, acabam sendo mais duros que o próprio patrão ao assumirem funções de confiança por ele delegada.

Porém, dialeticamente, esse campo pedagógico constitui-se em uma possibilidade de construção do processo de emancipação de seus sujeitos. A constituição desse processo passa, como explica Freire (1987, p. 52, grifo nosso), não pela

> explicação às massas, mas dialogar com elas sobre sua ação [...] A pedagogia do oprimido que, no fundo, é a pedagogia dos homens/mulheres empenhando-se na luta por sua libertação, tem suas raízes aí. [...] será sempre a ação profunda, através da qual se enfrentará, **culturalmente, a cultura da dominação – aspecto fundamental da revolução cultural**.

Nesse contexto, no processo de libertação "ninguém liberta ninguém, ninguém se liberta sozinho: os homens/mulheres se libertam em comunhão" (Freire, 1987, p. 52). Porém, mais do que um processo de ação, trata-se um processo que inclui a reflexão em uma unidade, portanto, não dicotomizada. Nesse sentido, a ação política com os oprimidos será uma ação cultural para a liberdade, desenvolvida com os outros oprimidos.

Como educadores, este é nosso desafio: conhecer e reconhecer, juntamente aos estudantes do campo ou da área urbana, suas culturas históricas como processo de conhecimento de si e de sua classe. Só então construiremos caminhos de fortalecimento da identidade e da condição de oprimido em uma sociedade de classes, tornando-se grandes referentes para a reflexão sobre as pedagogias de libertação.

Síntese

Neste capítulo, tratamos de informações essenciais a respeito da educação popular e da cultura popular como possibilidades de construção de conhecimentos, visando entender sua trajetória histórica, bem como os diálogos e as aproximações com a educação do campo.

A educação popular surgiu no Brasil por volta dos anos 1960, inspirada por uma experiência colombiana ocorrida nos anos 1950. Iniciou-se com o Movimento de Educação de Base, por meio de escolas radiofônicas, e objetivava a alfabetização das populações pobres das regiões Norte, Nordeste e Centro-Oeste. O Brasil, nessa época e nesse contexto, buscava definir o papel da cultura. Isso porque se encontrava tensionado por países capitalistas, principalmente os Estados Unidos, e por países socialistas, como Cuba e sua revolução socialista.

A cultura popular e a educação popular lideradas por Paulo Freire tinham como proposta um projeto educacional baseado na conscientização e na politização das classes populares. Foram implantadas em Angicos, no Rio Grande do Norte, com o apoio da então Universidade do Recife e das esferas governamentais estadual e federal.

Também verificamos que a cultura é definida como um processo social, fruto da criação e das relações das pessoas, carregada de valores construídos historicamente. A cultura popular, ao se constituir de valores normalmente não reconhecidos pela classe dominante, passou a representar uma possibilidade de resistência e de instrumento da promoção e realização humanas. Para os intelectuais que trabalhavam junto às classes populares, a cultura popular foi um movimento que buscou compreender o problema do analfabetismo, da deficiência de vagas nas universidades, da miséria do camponês e da dominação imperialista sobre a economia do Brasil.

Nesse processo de apreensão da cultura popular, nasceu a educação popular, em um contexto político marcado pelo autoritarismo, em que coexistiam dois modelos de educação: um para a classe dominante e outro para as classes populares. O primeiro era destinado a formar as elites, e o segundo, a formar a mão de obra. Portanto, a educação popular se apresentava como uma nova teoria, segundo a qual a educação se constituía a partir da cultura popular, das relações entre sua prática e a formação política, objetivando uma educação libertadora.

A construção do conhecimento por meio da cultura e educação popular efetiva-se pela participação ativa de todos os seus sujeitos, que privilegia, como ponto de partida para a elaboração de currículos, conteúdos e propostas pedagógicas, a cultura e o contexto de seus participantes. Dessa realidade, emana o que os estudantes já sabem para que construam o que ainda não sabem, aproximando-se do conhecimento historicamente construído, porém carregado de vida, de sentido e com vistas à emancipação humana.

Os diálogos e as aproximações da educação popular com a educação do campo seguem a mesma racionalidade desenvolvida até aqui, pois não se trata de um receituário, mas de uma lógica epistemológica, ou seja, da essência que orienta a compreensão e a ação de educação e de projeto societário. Evidentemente, os contextos são outros, a cultura é outra, mas o caminho epistemológico é o mesmo. Compreender a realidade dos povos do campo, identificar seus conhecimentos, sua forma de expressão e saber como se colocam diante do mundo em que vivem são aspectos que devem ser ponderados na construção de novos conhecimentos técnicos e políticos, a fim de concretizar a emancipação de seus sujeitos.

Indicações culturais

BRANDÃO, C. R. **O que é educação popular**. São Paulo: Brasiliense, 2012.

FREIRE, P. ; NOGUEIRA, A. **Que fazer**: teoria e prática em educação popular. Petrópolis: Vozes, 2009.

Para avançar nas temáticas abordadas neste capítulo, sugerimos a leitura desses dois livros. Apesar do formato de bolso, são dois clássicos sobre o assunto e nos conduzem ao desejo de conhecer mais.

Atividades de autoavaliação

1. O Brasil do início dos anos 1960 refletia, localmente, os movimentos que marcavam essa época em âmbito mundial, ou seja, o tensionamento entre as propostas dos países capitalistas e as propostas dos países socialistas. Nesse cenário, foi criado o Movimento de Educação de Base (MEB), que propunha uma educação que:

   a) melhor qualificasse para o mercado de trabalho, pois a indústria e a agropecuária necessitavam de novos conhecimentos.

   b) tivesse uma atenção grande com a mão de obra que vinha do campo, pois esta não contava com conhecimentos das atividades urbanas.

   c) proporcionasse elementos para a construção da consciência nacional, de modo a realizar transformações político-sociais na sociedade.

   d) criasse um olhar voltado para o necessário desenvolvimento econômico, sem alterar a estrutura de classes e de privilégios.

2. Um dos pressupostos que provocaram Paulo Freire a construir a proposta de educação popular, nos anos de 1960, foi o que ele denominou *educação bancária*. Essa expressão pode ser definida como:

   a) uma educação que reconhece a necessidade de os oprimidos assumirem a cultura dos opressores como forma de sua libertação.

   b) a renovação da escola inspirada nos movimentos da grande indústria e dos grandes bancos quanto à formação de sujeitos competentes.

   c) um movimento de grande importância para as classes populares, uma vez que colocava à disposição delas as novas técnicas das atividades do campo e da indústria.

   d) um ato de transmitir valores e conhecimentos, em que os educandos nada sabem; são os educadores que pensam e prescrevem o que o educando deve saber.

3. A *cultura popular* é definida por Estevam (1983, p. 39) como "a consciência política, a consciência que imediatamente deságua na ação política". A dimensão que a cultura popular assumiu para a classe trabalhadora foi de:

   a) um instrumento de luta e libertação de uma cultura alienante opressora.

   b) a descoberta da condição de oprimidos e, por isso, a necessidade de aceitar a condição de subordinados.

   c) possibilitar uma grande aliança com a classe dominante para manter seus empregos.

   d) resgatar seus conhecimentos para melhor qualificar sua ação diante da nova indústria e das novas necessidades do campo.

4. Carlos Rodrigues Brandão (2012) caracteriza a *educação popular* como um movimento que constitui o passo a passo para uma nova teoria, novas relações, novas articulações entre o homem e a sociedade e as transformações das estruturas opressoras da sociedade. Constitui, assim, um instrumento político de conscientização e politização. Ao pensarmos na ação como educadores ou educadoras em nossas escolas, no momento do planejamento dos conteúdos, teremos como ponto de partida:

   a) o livro didático e o que planejamos no ano anterior.

   b) os temas apresentados pelo projeto político-pedagógico, acrescidos do livro didático.

   c) o reconhecimento do que os alunos sabem e de suas realidades para relacionar com o prescrito no projeto político-pedagógico.

   d) conteúdos neutros que possibilitem uma formação desvinculada de questões políticas.

5. No que diz respeito à ação do/a educador/a popular, o seu fazer vai além do discurso, pois é realizado por ações como a do reconhecer e inteirar-se da cultura popular como fonte de sua prática educativa. Isso significa que o/a educador/a popular:

   a) deve conhecer os/as estudantes, de modo a planejar suficientemente sua ação para formações distintas, de quem planejará e de quem executará.

   b) necessita reconhecer os conhecimentos de seus estudantes e, a partir daí, junto a eles, construir um planejamento que possibilite a emancipação coletiva.

   c) precisa privilegiar os conhecimentos já registrados e sistematizados, pois aqueles oriundos da fonte oral, de narrativas, são geralmente duvidosos.

   d) deve planejar suas ações e desenvolver sua prática educativa por meio da demonstração e da explicação dos fenômenos, afinal, é ele quem sabe.

Atividades de aprendizagem

Questões para reflexão

1. Paulo Freire, por meio de suas várias obras, alerta sobre a importância de considerar a cultura dos educandos, incorporar seus saberes, valores e representações como conteúdos educativos e como fundamento para dialogar com o conhecimento sistematizado. Como educador/a, como você trabalha essa realidade em sua prática pedagógica?

2. Qual a concepção de currículo e de conteúdos predominantes na educação oficial e qual a concepção presente na educação popular e na cultura popular? Com base em sua realidade, como fazer a superação de uma para outra?

Atividade aplicada: prática

1. Com fundamento nas leituras realizadas até aqui e no diálogo com sua experiência como discente e docente em formação, realize uma entrevista com seus pares com o objetivo de saber quais são as possibilidades e os limites na construção de uma prática transformadora da educação. É preciso que essa prática leve em conta a cultura e a educação popular de seus alunos, na (re)elaboração dos conhecimentos sistematizados pelos livros didáticos.

4

Educador do campo e educação comunitária em processo de mudança

Neste capítulo, examinaremos o papel do educador do campo. Iniciaremos com a retomada do conceito de educação do campo, já trabalhada no Capítulo 1. Desse modo, avançaremos no entendimento de educação popular como saber da comunidade, o que trará elementos para definir e compreender a educação comunitária. A partir de então, caminharemos para a problematização do papel do educador do campo, discutindo sua responsabilidade em um processo de mudança.

4.1 Educação popular como saber da comunidade

A educação popular que queremos discutir neste momento diz respeito ao seu contexto do campo e de suas relações com os saberes da comunidade. Portanto, por uma questão didática, retomaremos um conceito já apresentado no Capítulo 1 deste livro.

O conceito de *educação do campo* que reiteramos aqui foi desenvolvido por Caldart (2012, p. 257, grifo nosso):

> como conceito em construção, a educação do campo, sem se descolar do movimento específico da realidade que a produziu, já pode configurar-se como uma *categoria de análise* da situação ou de práticas e políticas de educação dos trabalhadores do campo, mesmo as que se desenvolvem em outros lugares e com outras denominações. E, como análise, é também compreensão da realidade *por vir*, a partir de possibilidades ainda não desenvolvidas historicamente, **mas indicadas por seus sujeitos ou pelas**

transformações em curso em algumas práticas educativas concretas e na forma de construir políticas de educação. [...] O surgimento da expressão Educação do Campo surgiu na II Conferência Nacional, realizada em agosto de 2004.

A educação do campo constitui-se, assim, como uma luta social e política, por meio das representações dos movimentos sociais e ligados ao campo. Ao reconhecer o processo histórico de exclusão dos sujeitos campesinos, institui uma proposta de ação coletiva e assume a educação como mais um instrumento de luta pela transformação de suas realidades.

A autora, ao prosseguir seu entendimento sobre educação do campo, acrescenta que se trata de um processo que

> combina a luta pela educação com a luta pela terra, pela reforma agrária, pelo direito ao trabalho, à cultura, à soberania alimentar, ao território. Por isso, sua relação de origem com os movimentos sociais de trabalhadores. Na lógica de seus sujeitos e suas relações, uma política de educação do campo nunca será somente de educação em si mesma e nem de educação escolar, embora se organize em torno dela (Caldart et al., 2012, p. 261).

A importância de retomar essa conceituação de educação do campo deve-se, principalmente, às suas aproximações e a seus distanciamentos em relação à educação popular. A confluência política e da área de atuação de ambas é explícita.

A **educação popular** é decorrente da cultura popular e, desde a sua origem, no Brasil da década de 1960, organizou-se em torno de projetos de ressignificação política, social e pedagógica da educação e de seus sujeitos.

Sobre o ponto de partida, podemos dizer que a educação do campo se organiza e se institui a partir das discussões em conferências nos âmbitos locais e nacional, bem como das representações de movimentos sociais, das quais emanam diretrizes e propostas de políticas públicas.

A educação popular, por sua vez, surge do movimento dialógico com a cultura popular dos lugares onde se propõe atuar. Desse movimento dialógico, estabelecem-se novas articulações entre a prática implícita nessa cultura e um trabalho político progressivamente popular, oriundo das trocas entre homem/mulher e sociedade, e ainda, na direção política, ruma à construção de condições para a transformação das estruturas opressoras pelo trabalho libertador de seus sujeitos.

No que diz respeito à atuação, ambas – a do campo e a popular – se propõem a superar a concepção vigente de educação escolar. A educação do campo busca a superação da educação rural. A educação popular, assim como a do campo, almeja a construção de um novo saber, superando a educação bancária, que fazia e ainda faz a transferência seletiva dos saberes dominantes às classes populares, com o intuito de manutenção da ordem vigente.

As duas propostas se assemelham no propósito de avançar para além do campo da educação escolar, porém com algumas diferenças. Nesse sentido, a educação do campo tem por objetivo, além de construir uma nova proposta educacional, superar a educação ofertada pela escola rural, de pura transmissão e reprodução. Quer avançar para além da escola, alcançando e organizando os movimentos sociais do campo, com uma proposta educacional que proporcione que seus sujeitos assumam a luta pela terra e por seus direitos. Caldart (2012, p. 262) acrescenta que "a educação do campo, principalmente como prática dos movimentos sociais camponeses, busca conjugar a luta pelo acesso à educação pública com a luta contra a tutela política e pedagógica do Estado (reafirma em nosso tempo que não deve ser o Estado o educador do povo)". Já a educação popular se lança no propósito de, "com o povo", fundar um novo método de trabalho. Além disso, busca a criação de uma educação libertadora por meio do trabalho do e com o povo. Essa atividade também pretende ir além da sala de aula, ou seja, procura trabalhar na "busca de alternativas de realizar-se em todas as situações práticas críticas entre agentes educadores 'comprometidos' e sujeitos populares 'organizados', ou em processo de organização de classe" (Brandão, 2012, p. 91).

Importante!

Tanto a educação do campo quanto a educação popular têm a organização de suas propostas pedagógico-políticas realizadas por educadores e militantes eruditos, que se propõem a trabalhar com o povo.

A educação do campo entende que "os educadores são considerados sujeitos fundamentais da formulação pedagógica e das transformações da escola. Lutas e práticas da educação do campo têm defendido a valorização do seu trabalho e uma formação específica nessa perspectiva" (Caldart et al., 2012, p. 262).

Embora com ideia semelhante, a educação popular difere no que tange à intencionalidade de assunção permanente do protagonismo do processo. O objetivo visto por essa educação é o de que esses educadores e militantes eruditos saiam de cena assim que o processo seja construído e, em seus lugares, assumam os sujeitos do lugar, passando a ser do povo a construção de seus projetos de classe. Por consequência, educadores e militantes, com seu saberes eruditos, assumem a função de assessores do povo.

Brandão (2012) ressalta que essa é uma tarefa difícil e que nem sempre alcançada. Contudo, atualmente, há um consenso de que a

> missão do educador popular é participar do trabalho de produção e reprodução de um saber popular, aportando a ele, ao longo do trabalho social e/ou político de classe a sua contribuição específica de educador: o seu saber erudito em função das necessidades e em adequação com as possibilidades de incorporação dele às práticas e à construção de um saber popular. (Brandão, 2012, p. 92)

Assim, buscamos problematizar a construção dos conhecimentos constituintes da comunidade, seja ela do campo, seja da cidade.

Importante!

Movimentos, objetivos e fazeres, tanto da educação do campo quanto da educação popular, são atravessados por saberes que, por vezes, coincidem em seus pontos de partida, mas, por ora, divergem. Eles marcam posições diante do mundo, e delas emanam atitudes de busca, compreensão e transformação de suas realidades. Estão, portanto, sempre encharcadas de saberes, que se revelam ou são revelados por seus sujeitos quando imersos em um processo de busca de alternativas para suas situações-problema. Vão além de situações individuais, pois tomam a dimensão coletiva, demarcando a posição política do grupo.

Junto aos grupos populares atua o educador, que, não raro, vem carregado de outras culturas, por mais bem-intencionado que esteja. O movimento de percepção da realidade e de prospecção dos saberes está permeado por armadilhas, que podem ser tentadoras. A esse respeito, Paulo Freire (1982, p. 32) alerta que "subestimar a capacidade criadora e recriadora dos camponeses, desprezar seus conhecimentos, não importa o nível em que se achem, e tentar 'enchê-los' com o que aos técnicos lhes parece certo, são expressões, em última análise, da ideologia dominante".

Inegavelmente, a educação popular de matriz freireana, no caso brasileiro, foi o processo que, a partir dos anos 1960, desencadeou outra proposta de educação, baseada no reconhecimento dos saberes populares das comunidades, por meio da cultura popular. Constituiu, assim, uma nova construção, realizada como ação social e regida por ideias de participação, transformação e revolução.

A cultura e os saberes populares eram o ponto de partida, sendo problematizados e decodificados por meio da ação dialógica promovida nos círculos de cultura. O objetivo era trabalhar na dimensão de totalidade, quando, ao se falar de transformação, trabalhava-se com processos de conscientização do sujeito e do coletivo em relação à sociedade de classes. Via-se, assim, uma perspectiva de transformação da sociedade, e não apenas de adequações modernizadoras ou, ainda, ilusoriamente, de base desenvolvimentista do sistema capitalista moderno.

Preste atenção!

Os círculos de cultura eram espaços que Freire organizava como forma de substituir o espaço físico da aula. A metodologia era o *diálogo*, entendido aqui como exercício de comunicação e de alteridade.

Com essas características, os saberes da educação popular proposta por Paulo Freire valiam-se de pressupostos de liberdade e de cunho socialista. Combatia-se frontalmente a educação oferecida pelo Estado, que, como não difere de hoje, era uma proposta educacional a serviço dos interesses hegemônicos da ordem do capital, ou seja, a prioridade não estava, e não está, no sujeito, mas na produção capitalista. Já a educação popular se apresentava, e ainda se apresenta, como um serviço cultural da educação estendida ao povo e como uma ação pedagógica colocada a serviço do povo (Brandão, 2014).

Do movimento da educação popular que se originou nos anos 1960 e se prolonga até os dias atuais, com a característica de transformação social, o diálogo se estendeu e avançou com outros sujeitos e outros espaços territoriais. Eles passaram a constituir outras "educações", como educação do campo, educação ambiental, educação quilombola, educação para a paz, educação e direitos humanos, educação em nome das minorias sociais, educação indígena, educação comunitária, entre outras.

A educação popular assentava-se na cultura popular como movimento que unia educadores e educandos. Metodologicamente, relembra Brandão (2014), por meio das fichas de cultura, a realidade passava a ser criticamente decodificada pelos alfabetizandos em seus diálogos no círculo de cultura.

> E a ideia de "cultura", entre uma filosofia e uma antropologia embrionária que desaguava em uma pedagogia crítica, dialógica e "libertadora", atravessava todas as "fichas", da primeira a última". A proposta era tornar uma "pedagogia fundada na ideia de cultura em uma ação pedagogicamente cultural; criar com o povo uma "nova cultura", a partir de mudanças de qualidade na consciência do educando, com um progressivo teor assumidamente político; dotar

este "teor político" de um sentido contra-hegemônico orientado a ações transformadoras e emancipatórias. (Brandão, 2014, p. 17)

Com o surgimento das outras "educações" já referidas, a *cultura* que era a palavra-chave da educação popular, ganhou um termo que se sobrepõe ou soma-se a ela: o *território*. O território passou a demarcar e dar sentido à luta de camponeses, quilombolas, povos da floresta, faxinalenses, seringueiros, castanheiros e indígenas, por reconquista de direitos, expropriados pelo Estado capitalista.

A ampliação dessas "educações" coloca o educador, envolvido em movimentos populares com um novo compromisso: "a luta em nome de ações político-pedagógico-cartográficas cuja escrita não se traduz apenas em novos textos, mas também no e através de um redesenho inovador de novos mapas sociais" (Brandão, 2014, p. 17).

Importante!

Os termos *território* e *territorialização* assumem a condição de palavras-chave e uma conotação político-pedagógica, representando as lutas dos movimentos e, portanto, uma educação emancipatóriamente política. Portanto, isso, significa assumir que a educação é política, carregada de intencionalidades, e que, no caso da opção emancipatória, trabalha na perspectiva de colocar os educandos como sujeitos e protagonistas de seus processos, desvelando o caráter de reprodução e manutenção político-econômico, imposto por quem domina.

Diante desse contexto, avançamos para o segundo objetivo deste capítulo: situar conceitualmente a educação comunitária.

4.2 Educação comunitária

A educação popular e sua base teórica passam a interagir e fazer a interlocução com outras propostas de ação emancipatória, na mesma medida em que, sem esquecer ou abandonar sua concepção de origem, transita de uma *"antropo-pedagogia da cultura* junto ao povo, para uma *sociopedagogia dos movimentos populares*. E desde ela e através dela, convergem a uma *geopedagogia cartográfica* das lutas populares por conquista de territórios"[i] (Brandão, 2014, p. 17, grifos do original).

A esse respeito, o autor salienta, ainda, que, no *Dicionário da Educação do Campo* (2012), Miguel Arroyo, ao definir o verbete *pedagogia do oprimido*, localiza-o não apenas nos espaços extraescolares, mas também em outra escola com outra concepção, com outras práticas e como território. Arroyo (2012, p. 559) afirma que:

> O traço mais radical: ocupar o território-escola. Os movimentos sociais, ao lutarem por terra, espaço e território, articulam as lutas pela educação, pela escola – as lutas por direitos a territórios. Mostram a articulação entre todos os processos históricos de opressão, segregação e desumanização, e reagem lutando em todas as fronteiras articuladas de libertação. Escola é mais do que escola na pedagogia dos movimentos. Ocupemos o latifúndio do conhecimento como mais uma das terras, como mais um dos territórios negados.

---

i. Para saber mais sobre essa temática, consulte o lançamento da *Ediciones Desde Abajo* (Colômbia), uma *Colección Primeros Pasos*, dirigida a ativistas populares e a movimentos e instituições de mediação. Entre seus primeiros livros, recomendamos especialmente: *Producción social del espácio: el capital y las luchas sociales en la disputa territorial*, de Carolina Jiménez e Edgar Novoa, e *Hacer história desde Abajo u desde el Sur*, de Alfonso Torres Carrillo.

A escola, a universidade e os cursos de formação de professores do campo, indígenas e quilombolas são mais outros territórios de luta e de ocupação por direitos. A negação, a precarização da escola, é equacionada como uma expressão da segregação-opressão histórica da relação entre classes. Já a escola repolitizada é mais um território de luta e ocupação, de libertação da opressão. A Pedagogia do Oprimido é radicalizada na pedagogia escolar pelas lutas dos movimentos por educação do campo, por escola do campo no campo.

Ao recontextualizar a escola como mais um território a ser conquistado, justamente por se tratar de uma invenção moderna e, portanto, imersa nos interesses da classe burguesa que a criou, o autor a recoloca como espaço para avançar na luta emancipatória (Arroyo, 2012).

Nesse mesmo contexto, outras propostas vão sendo colocadas como referência para articular a luta pela emancipação e a compreensão da **diversidade de manifestações**, que podem ser traduzidas em muitos elementos pedagógicos e saberes.

Preste atenção!

Mesmo com a sugestão de propostas, é preciso esclarecer que continuamos a viver em um sistema capitalista, que tem como centralidade o lucro, e não as pessoas. Um sistema que, além de continuar a expulsar as pessoas da terra, das moradias, de explorar o trabalhador em situação de semiescravidão, de explorar a natureza, ainda nos mantém na condição de mercadorias.

Gadotti (2012) afirma que, a partir dos últimos anos do século XX, as manifestações e expressões do enfrentamento das mazelas sociais têm sido marcadas pela **diversidade** revelada pelos inúmeros movimentos e pelas várias "educações". Para o autor, é importante entender que se trata

> de uma rica diversidade que precisa ser compreendida, respeitada e valorizada. A primeira impressão que se tem é de fragmentação, mas se olharmos o conjunto desta obra, veremos que ela está unida – "cimentada", como diria Antonio Gramsci (1968) – por uma causa comum, chamada pelos movimentos sociais de "outro mundo possível". Essa diversidade tem em comum o compromisso ético-político com a transformação da sociedade, desde uma posição crítica, popular, política, social e comunitária. (Gadotti, 2012, p. 11)

Em contraposição, é também relevante lembrar que essas manifestações das "educações" e dos movimentos, hoje expressos pela diversidade, nem sempre foram unânimes no que se refere a uma causa comum, de transformação social na direção de outro mundo possível.

A exemplo do que afirmamos anteriormente, retomamos alguns pontos do Capítulo 1, em especial o que, nos anos de 1950, organizava-se como **educação comunitária**. A origem desse movimento não era das classes populares, mas de uma iniciativa estatal pela qual o Governo federal lançava a Campanha Nacional de Educação Rural (CNER[ii]) e, por meio de missões rurais, pretendia realizar uma educação comunitária.

---

ii. Retomamos o CNER para analisar a perspectiva da educação comunitária. É preciso relembrar que o CNER foi lançado no Seminário Interamericano de Educação de Adultos.

A CNER foi o resultado de uma provocação da Organização das Nações Unidas para a Educação, a Ciência e a Cultura (Unesco), no pós-guerra, aos países subdesenvolvidos, sinalizando com a educação popular de alfabetização. Porém, a expressão *educação popular* não tinha relação com a proposta freireana. Ao Brasil, ela propunha uma campanha de alfabetização que possibilitasse "a preparação de mão de obra alfabetizada nas cidades, de penetrar o campo e de integrar os imigrantes e seus descendentes dos Estados do Sul, além de se constituir num instrumento para melhorar a situação do Brasil nas estatísticas mundiais do analfabetismo" (Paiva, 2015, p. 206). A concepção de desenvolvimento comunitário estava atrelada a esses princípios.

Nessa época, o número maior de analfabetos residia no interior, mesmo porque a maioria da população ainda estava no campo (de uma população de 41 milhões de pessoas, cerca de 30 milhões vivia no campo). Assim, uma das conclusões dessa campanha foi vincular "a educação dos adultos diretamente à solução dos problemas rurais e esta orientação se observa no *Manual de Educação dos Adultos*, no qual foram sugeridos e desenvolvidos **métodos de ação comunitária**" (Paiva, 2015, p. 224, grifo nosso). Inclusive, desses métodos decorre a ideia de educação e desenvolvimento comunitário, que, a seguir, retomaremos.

Com a criação da CNER, teve início "a era do desenvolvimento comunitário, como estratégia para o desenvolvimento dos núcleos urbanos no interior do país com base na educação" (Paiva, 2015, p. 225).

Um dos resultados esperados pela CNER era a promoção, entre as populações do campo, da "**consciência** do valor da entreajuda para que os problemas locais pudessem ser resolvidos e seu trabalho se institucionalizava por meio da criação de Centros

Sociais de Comunidade" (Paiva, 2015, p. 225, grifo nosso). Neste momento, demos destaque ao termo *consciência* porque, na ação educacional daquele momento, o conceito era diametralmente oposto ao conceito freireano que já discutimos.

Expliquemos. Como a CNER era uma ação de governo e pretendia que a comunidade se envolvesse por meio de uma ação vertical e de uma compreensão impregnada na educação rural (que como já vimos se contrapõe aos princípios da educação do campo), de modo a "incentivar a elevação dos padrões de vida e a solução dos problemas coletivos através da organização comunitária. [...] A crença de que os problemas do meio rural podem ser solucionados através da educação, da difusão da ideia da autoajuda e a outras características do otimismo pedagógico" (Paiva, 2015, p. 223).

Era uma proposta que desvinculava a reflexão sobre os métodos educativos a serem empregados na comunidade, sobre a sociedade, sobre seu modo de produção, sobre sua formação social e, até mesmo, sobre o papel do trabalhador do campo e seus direitos.

Caberia à CNER a preparação do homem do campo por meio da alfabetização e do ensino de técnicas agrícolas ou mediante a instrução de técnicos especializados, que realizavam o que Paulo Freire condenava em seu livro *Extensão ou comunicação?*. Portanto, eles não se comunicavam com os sujeitos do campo, apenas estendiam seus conhecimentos técnicos. Com base nesse processo, que deveria aprimorar métodos e técnicas de uma pedagogia não escolar, constituía-se a educação comunitária.

Agora que contextualizamos historicamente a educação comunitária, retornaremos ao momento atual. Isso porque, ao lado de outras propostas de educação, como a educação do campo e a educação popular, é possível abordar o que já discutimos aqui, procurando uma proposta de conceituação da educação comunitária.

O que muitos educadores têm defendido é a não dicotomização entre os diferentes tipos de educação democrática e a não divisão entre educação formal e não formal. No entendimento de Gadotti (2012, p. 18),

> a educação comunitária, concebida hoje, pode ser entendida como uma das expressões da educação popular, mediante a qual se busca melhorar a qualidade de vida dos setores excluídos, através dos movimentos populares, que estão organizados em grupos de base, comunidades, municípios etc. Ela também tem sido entendida como 'educação sociocomunitária' ou aquela educação oferecida em 'escolas comunitárias'.

Importante!

Foi atribuída à educação comunitária a tarefa de contribuir para a organização e o desenvolvimento de comunidades, estabelecendo laços de solidariedade entre as populações empobrecidas. Isso abarca muito a condição dos sujeitos do campo e da cidade, afinal, existem situações de exclusão e de risco em ambos espaços geográficos.

Para Klein e Pátaro (2008, p. 8), diante do desafio da educação formal em tornar os conteúdos escolares objetos de conhecimento, a educação comunitária "pode ser um caminho possível, ao permitir que os conhecimentos escolares tornem-se significativos aos alunos e alunas, a partir do momento em que passam a relacionar às vivências, aos espaços, aos interesses da comunidade".

Ainda acerca do conceito de *educação sociocomunitária*, Gadotti (2012, p. 18) enfatiza que ela que vem se construindo com o objetivo de destacar o "papel social e transformador da educação comunitária e distinguir-se de uma educação comunitária em geral". Nessa direção, o autor defende que a educação passa a ser um instrumento da comunidade na busca da construção de sua autonomia e, por consequência, rompe com o processo heteronômico que a condiciona e a coloca à margem de seus direitos (Gadotti, 2012).

De mesmo modo que as outras tipologias de "educação", a educação comunitária tem se expressado por meio da educação informal e da educação formal em escolas comunitárias. Essas escolas comunitárias são organizadas por meio do esforço da comunidade, não raro, em lugares onde o serviço público tem fraca atuação. Também podem efetivar-se quando a comunidade, organizada em cooperativa de pais, professores e alunos, assume que a educação escolar oferecida pelo Estado não contempla a prática nem a concepção desejada de formação.

Outro tipo de escolas comunitárias são aquelas oferecidas pelo Estado, mas a comunidade assume a gestão ou trabalha com a gestão. Ainda são reconhecidas como escolas comunitárias as escolas particulares mantidas por congregações religiosas. Também nesse rol de escolas comunitárias, há as escolas criadas pelos imigrantes, instaladas, em sua maioria, no Sul e no Sudeste do Brasil.

Avançando na discussão sobre o papel da educação comunitária como expressão da educação popular, Gadotti (2012, p. 19) aponta que, ao trabalhar "com a categoria produção' (associada a categoria 'conscientização + organização') evidencia formas de 'aprender produzindo', levando em conta a realidade das populações marginalizadas, excluídas do próprio modo de produção dominante". Com esse entendimento, podemos dizer que a educação comunitária tem potencialidade para assumir, em seus pensares e fazeres, a articulação de sua demanda de produção com a necessidade de organização, por meio um processo de conscientização que instrumentalize a construção de outras relações e de outro projeto societário.

As discussões apresentadas até aqui, contextualizando e problematizando os movimentos e as conceituações da educação popular e da educação comunitária, dão suporte para adentrarmos na relação da educação com a participação popular.

Assim, é importante perceber que os conceitos de educação ou de "educações" são históricos, datados, ideológicos e geograficamente localizados. Como são desenvolvidos por diferentes agentes, desde a iniciativa governamental até a iniciativa popular, percorrem distintas características e tornam evidente que a educação comunitária não é um processo homogêneo. Por fim, chegamos ao entendimento atual da educação comunitária com forte aproximação à educação popular e com o explícito objetivo de transformação do contexto escolar ou comunitário em que se insere, na perspectiva da democratização e da mudança social.

4.3 Educação e participação comunitária

A educação popular, que se iniciou com Paulo Freire nos anos de 1960, tinha por fundamento um processo de **conscientização**. Esse processo pretendia envolver a participação de membros da sociedade, tanto dos educandos quanto dos monitores/coordenadores dos círculos de cultura, porém, por meio de um processo de formação que respeitasse suas histórias e seus contextos de vida. Brandão (1982a, p. 38) ressalta que é preciso não confundir um valor político e (porque não dizer?) humano de respeito à consciência, à cultura e às redes de sustentação popular destas consciências e culturas, com aquilo que as armadilhas da educação colonizadora fazem. Ela (a educação colonizadora) faz a alquimia que transforma a tradição popular (a religião, o folclore, a tecnologia rústica, etc.) em fetiche, em tipos estáticos de valores a serem preservados, depois de terem sido esvaziados pela leitura erudita, de todo o seu sentido próprio de modo subalterno de traduzir a vida, o trabalho e até mesmo as suas reduzidas alternativas de resistência política.

O que o autor destaca aqui é a necessária observação ética por parte dos sujeitos que se colocam em diálogo com a comunidade. Participar de um processo de transformação social não implica superposição às estruturas populares (de trabalho, de reprodução do saber e de organização política popular local). Portanto, não se trata de tirar uma proposta para impor outra, mesmo que ela seja referente à educação popular. Refere-se a respeitar a cultura e os saberes populares, bem como seus sujeitos, para juntos construírem outras propostas e programas.

Em concordância com Brandão (1982a), lembramos novamente Paulo Freire (1982), que, em sua obra, sempre ressalta que a transformação é *com* as pessoas, e não *para* as pessoas. Nessa construção, em que há a necessidade de participação coletiva, o processo deverá ter como ponto de partida o respeito, a confiança e a apropriação da realidade concreta de pessoas, grupos, comunidades envolvidos na proposta alternativa. Dessa forma, ela não se constrói em um vazio, mas *a partir de* e *com* os demais sujeitos dessa comunidade. Nesse sentido de construção e participação coletiva para a transformação, as massas populares dominadas "não podem ser vistas como algo que está aí para ser libertado" (Freire, 1982, p. 79).

No caminho de construção da educação popular, a categoria *conscientização* era colocada como essencial para o processo de transformação. As interrupções desse processo pela imposição da ditadura militar, que o Brasil viveu de 1964 a 1984, não interromperam as reflexões sobre a prática da educação popular, fato que, ao ser retomada no momento pós-ditadura, incorporou outra categoria: a **organização**.

Nesse movimento de retomada da educação popular, Paulo Freire levou a educação popular ao espaço público quando assumiu a Secretaria Municipal de São Paulo, de 1989 a 1991. A mesma experiência aconteceu com outros educadores em várias cidades do país, passando a educação popular a ocupar também espaços da educação pública, constituindo, então, a educação pública popular, a escola cidadã ou, ainda, como Freire demonstrava preferir, uma escola de comunidade, de companheirismo, uma escola que vive a experiência tensa da democracia (Gadotti, 2012).

Apontamos essa trajetória para retomar a educação comunitária nos dias de hoje, que se desenvolve em vários países. Nesse contexto, além da categoria conscientização, no processo somou-se a categoria *organização*. Quando nos referimos a *organizar* estamos levando em conta o sentido de enfrentamento do mundo contemporâneo, o qual continua com a mesma estrutura de classes: donos do capital e trabalhadores. A educação popular comunitária propõe

> uma educação socialmente produtiva, resgatando a visão totalizante da produção. Produzir é gerar relações sociais de produção. A produção não é só um fenômeno econômico. Ela está associada a um modelo de desenvolvimento social e pessoal e supõe uma

educação para a participação e a autogestão, uma educação integrada ao trabalho produtivo e uma educação comunitária para trabalhar associativamente. (Gadotti, 2012, p. 20)

Como desenvolvida em vários países, a educação comunitária foi assumindo os campos da educação formal e não formal, de organizações econômicas populares, de educação municipal, e mesmo de microempresas e movimentos populares sociais, portanto, assumiu várias tendências e concepções (Gadotti, 2012).

Diante dessas informações, o que poderíamos apontar como traço comum na educação comunitária? Para responder a essa questão, trazemos novamente Gadotti (2012, p. 21, grifo nosso), que afirma que a educação comunitária se constitui como "um **processo educativo sempre coletivo**, na maioria das vezes não formalizado como a educação tradicional, ou seja, que não se apresenta sob a forma seriada, com avaliações frequentes, rigidamente sistematizado".

Preste atenção!

A expressão *processo educativo sempre coletivo* pode ser entendida como o grande diferencial que caracteriza a educação comunitária. E, ainda, define a participação comunitária como seu processo constituinte.

Por fim, para concretizar essa ideia, citamos alguns exemplos que situam situações reais que originam a organização da educação comunitária por meio da participação comunitária, como "reivindicação de creches, reivindicação de equipamentos de habitação e saúde, crianças abandonadas, mulheres, LGBTs etc." (Gadotti, 2012, p. 21).

4.4 Papel do educador/a no processo de mudança

De tudo o que já apresentamos e problematizamos até aqui, um dos itens mais importantes é o entendimento do que, de fato, é ser um educador, o que cabe a esse profissional nos processos de projetos social e de educação nos quais estamos inseridos e queremos transformar.

No que tange às obras de Paulo Freire, Carlos Rodrigues Brandão, Moacyr Gadotti, Marilena Chauí, Ana Maria Saul, Miguel Arroyo, entre outros importantes educadores e educadoras, há um ponto em comum: o desejo de construção de outra escola, de outra educação, de outro projeto societário. Porém, é possível perceber também que, para todos eles, a figura do educador/a ganha um papel de destaque nesse processo.

É sobre o papel do educador/a que iniciamos nossa conversa, com vistas a delinear, fazer um contorno, não como único, mas o possível. Nosso ponto de partida não poderia ser outro senão os fundamentos e os ensinamentos inspirados, mais uma vez, na obra de Paulo Freire.

No livro *Que fazer: teoria e prática em educação popular* (2009), o autor estabelece um diálogo com Adriano Nogueira, refletindo, entre outros temas, sobre o profissional educador. A reflexão inicia-se com uma provocação de Nogueira, que coloca uma suposta dúvida de um educador: "que posso fazer eu, para trabalhar melhor ainda os interesses e as particularidades dessas crianças originadas na vida das periferias?". Nogueira, então, complementa sua questão: "quando foi percebida essa pergunta há uma outra pergunta. [...] Por que me faço eu essa pergunta-questionante?". Freire, aprofunda: "se o professor fez essa pergunta: por que eu faço tais descobertas?" De imediato, Freire incorpora mais uma questão: "que posso fazer em pró dessas crianças filhas da periferia?" (Freire; Nogueira, 2009, p. 46).

A partir desses questionamentos, ambos os autores sugerem que o educador tenha desencadeado um processo de reflexão acerca de seu papel de educador e de sua prática (perceba que, aqui, estamos destacando um dos elementos principais do papel do educador). Os autores também apontam que, nesse momento, o professor/a está tomando consciência de que além de um profissional da educação, ele/a é um/a cidadão/ã da vida política. Com base nessa constatação, Freire destaca que, esse profissional se dá conta que é ativo/a na vida política e percebe que "entre os professores e os alunos existe não apenas temas e programas. Existem os símbolos, os códigos e os movimentos da vida política. Entre os professores e alunos circulam os poderes e as influências que a vida em cidade (campo) forma e informa" (Freire; Nogueira, 2009, p. 47).

Tais poderes e influências repercutem de modo diferente no professor/a e no aluno/a, pois ambos chegam à escola com seus aportes históricos e teóricos distintos e passam a dialogar com os programas e conteúdos.

Importante!

Essa reflexão já encaminha de imediato para a desmistificação da ideia de que todos são iguais na escola e de que a escola é igual para todos. Não é! Há condicionamentos históricos, políticos e econômicos, entre outros, que, por mais invisível que se apresentem ou que não se apresentem, são muito reais e concretos, mediando os processos de formação.

Freire (Freire; Nogueira, 2009, p. 48) reforça que

> o professor/a atua dentro de formas culturais diferentes. Ele/a trabalha dentro de características e interesses culturais que não são iguais. [...] Esse/a profissional da educação já está descobrindo um primeiro engano que é bastante difundido: nenhum/a professor/a está a serviço da humanidade. Cada profissional está a serviço de Toninho, de Suzete, de Mariazinha, ou seja, está a serviço das crianças.

Com esse processo reflexivo, o professor/a descobre que seu papel de educador/a na escola ou fora dela ocupa um espaço de opções políticas. O que decorre daí? Decorre que, para preencher esse espaço de opções políticas e desempenhar seu papel de educador em um processo de mudança, há necessidade de competência.

A **competência**, segundo Lorieri e Rios (2004), refere-se a um trabalho desenvolvido com conhecimento da área específica de estudo, portanto, com conhecimento técnico, permeado pela ética e com clara concepção política. Nesse caso, a competência é a opção política da educação popular, envolvendo as outras "educações" (do campo, comunitária, etc.) em uma perspectiva transformadora. A essa ideia, Freire acrescenta que há uma "característica dupla no trabalho do/a profissional no interior da instituição escolar. É um trabalho sério, é trabalho competente; é também um trabalho contente, pois se conduz por caminhos de satisfação" (Freire; Nogueira, 2009, p. 52).

Tudo isso nos leva ao ponto de partida, ou seja, à realidade concreta em que estamos trabalhando. Freire (citado por Brandão, 1982b) coloca ou recoloca – o que também é sua preocupação em outras obras, como em *Pedagogia da autonomia: saberes necessários à prática educativa* – a importância de conhecer algo por meio de um método rigoroso. De que o autor fala? Da necessidade de posicionar-se diante do caminho do conhecimento. E complementa:

> mas a gente tem que perguntar *em favor de que* conhecer e, portanto, *contra que* conhecer; *em favor de quem* conhecer e *contra quem* conhecer. [...] esses questionamentos nos levam a confirmação de outra obviedade que é a da natureza política da educação. [...] Aí, então, necessariamente, entra na reflexão sobre educação a questão do poder, de que nós os educadores quase sempre nos distanciamos tanto. (Freire, citado por Brandão, 1982a, p. 97, grifos do original)

O autor reforça que esse distanciamento, por vezes, passa a impressão de que os educadores têm "vergonha do poder, nojo do poder, nojo de ser políticos" (Freire, citado por Brandão, 1982b).

Após assumir sua posição política ou no processo de assentimento desse posicionamento, o educador/a tem de se desafiar a ir além. Nesse sentido, a mudança não começa fora do educador, mas se processa nele e com ele, na relação com seu papel profissional, seja no campo, seja na cidade.

Existe, portanto, a necessidade de uma educação com educadores/as atuantes, que façam a crítica e assumam posição de resistência e mudança. Isso acontece, principalmente, ao se ponderar o contexto do campo, em que as mazelas sociais se manifestam com a expulsão e/ou exploração do cidadão, o fechamento das escolas e o crescente avanço do agronegócio em detrimento dos pequenos agricultores. Nesse contexto, é comum que exista o desmatamento ou que a indústria do veneno controle a produção dos alimentos e contamine as nascentes de água potável. Há, ainda, os tantos desmandos políticos, que refletem um projeto de sociedade em que o "ter" é mais importante do que o "ser".

Porém, o que queremos afirmar, em concordância com Paulo Freire (citado por Brandão, 1982b), é que o processo de mudança exige tomada de atitudes, reveladas pelo discurso progressista ou revolucionário, mas, além disso, demanda de todos os educadores e educadoras uma atuação que revele o discurso da opção e da clareza política. "E esta coerência vai crescendo na medida sobretudo em que a gente descobre outra obviedade que é a seguinte: não é o discurso, a oralidade, o que ajuíza a prática, mas ao contrário, é a prática quem ajuíza o discurso" (Freire, citado por Brandão, 1982b, p. 98).

Nesse entendimento, assumimos e exercitamos uma prática docente que vai revelando nossa posição no mundo e, se optamos em trabalhar com os camponeses e os sujeitos do campo, logo, assumimos uma posição contrária às classes dominantes do campo. Lutamos, assim, por outra educação, não domesticadora e puramente técnica operativa, mas por uma educação que reinvente o processo de produção de alimentos, sem venenos, sem monocultura, sem processos transgênicos; lutamos **ao lado** de pequenos agricultores familiares que produzem cerca 70% dos alimentos que são colocados na mesa das famílias brasileiras.

Avançando no papel do educador no processo de mudança, Freire (1982), em sua obra *Ação cultural para a liberdade e outros escritos*, no capítulo "Ação cultural e revolução cultural", deixa explícito que uma liderança revolucionária – que até aqui temos defendido e descrito como sendo o/a professor/a – precisa assumir uma posição e uma prática política de mudança. Para isso, **não** é aconselhado:

a. denunciar a realidade sem conhecê-la;
b. anunciar a nova realidade sem ter um pré-projeto que, emergindo da denúncia, somente se viabiliza na práxis;
c. conhecer a realidade distante dos fatos concretos, fontes de seu conhecimento;
d. denunciar e anunciar sozinha;
e. não confiar nas massas populares, renunciando à sua comunhão com elas. (Freire, 1982, p. 78)

O autor continua a insistir: não há como sermos educadores revolucionários se não mergulharmos na realidade para conhecê-la, se não nos encharcarmos de seus processos, de sua cultura, de suas formas de agir e resistir. A partir disso, então, é preciso fazer a denúncia, sim, de tal situação de opressão. Antes, porém, **necessariamente junto aos sujeitos do campo**, devemos construir nossos procedimentos, projetos presentes e futuros, sejam eles no processo de concepção de outra educação, sejam eles de luta junto à comunidade na direção de outras relações sociais, econômicas, que possibilitem a transição para outro tipo de sociedade.

Como possibilidade de melhor situar o papel do educador do campo no processo de mudança, reiteramos, aqui, o conceito de *educação do campo*, já trabalhado no início deste capítulo e que foi assim definido: um processo que "combina a luta pela educação com a luta pela terra, pela reforma agrária, pelo direito ao trabalho, à cultura, à soberania alimentar, ao território. Por isso, sua relação de origem com os movimentos sociais de trabalhadores" (Caldart et al., 2012, p. 261).

Nessa perspectiva da conceituação, a educação do campo vai além da educação escolar e objetiva um projeto de mudança comum, que vai ao encontro do que Freire (1982) enfatizou como caminho e intencionalidade política. Para se efetivar como um projeto verdadeiramente revolucionário, é necessário "se autenticar na medida em que vai cumprindo sua vocação natural: a de selar a unidade, a comunhão, entre a liderança revolucionária e as massas populares, na prática da transformação da sociedade de classes e na da construção da sociedade socialista" (Freire, 1982, p. 78).

Nesse entendimento, o processo de ensino desenvolvido pelo educador progressista

> estará sempre associado a uma "leitura crítica" da realidade. Ensina-se a pensar certo através do ensino dos conteúdos. Nem o ensino dos conteúdos em si, ou quase em si, como se o contexto escolar em que são tratados pudesse ser reduzido a um espaço neutro em que os conflitos sociais não se manifestassem, nem o exercício do "pensar certo" desligado do ensino dos conteúdos. (Freire, 2000, p. 29)

Importante!

O educador progressista, para conhecer e ensinar, deve estar atento à constante problematização da realidade, o que implica constantes novos mergulhos e a realização do que Paulo Freire chama de *admirar*, ou seja, mirar, olhar por dentro e retornar à superfície com um olhar mais totalizante da realidade e de suas relações e intenções.

O educador faz o movimento de conhecer e ensinar por meio de um processo de liberdade com seus educandos, jamais sendo prescritivo e, muito menos, agindo de forma manipulativa, por melhor que sejam suas pretensas intenções políticas.

O processo de construção de conhecimento, em uma perspectiva de mudança,

> trabalha *com,* jamais *sobre,* os indivíduos, a quem considera sujeitos e não objetos, incidências de sua ação Por isso mesmo é que, humilde e crítico, não pode aceitar a ingenuidade contida na "frase feita" e tão generalizada em que ele aparece como o "agente de mudança". Esta não é a tarefa de alguns, mas de todos os que com ela realmente se comprometem. (Freire, 1982, p. 41)

Por fim, cabe ao educador/a, no processo de mudança, ter a clareza de que, ao assumir uma posição política a favor de alguém, estará também assumindo uma posição contra alguém. É uma ilusão achar que é possível trabalhar no rumo da mudança estando livre de tensionamentos oriundos da classe dominante. No entanto, essa constatação não visa enfraquecer alguém, ao contrário, deve servir para realimentar o projeto, que será sempre coletivo, perseguindo a construção de outro plano de educação e de sociedade, tendo em mente as possibilidades e os limites a serem superados.

Síntese

Neste capítulo, analisamos a educação do campo e a educação comunitária como processos de educação que buscam a transformação social. A expressão *educação do campo* surgiu no ano de 2002, na I Conferência Nacional por uma Educação Básica do Campo, tornando-se referência para a construção de políticas de educação do campo. Sua intencionalidade foi a construção de práticas educativas de transformação da realidade do campo, tendo como protagonistas os movimentos sociais ligados ao campo. Tanto a educação popular quanto a educação do campo se propõem a superar a concepção vigente de educação escolar. A educação do campo busca a superação da educação rural. A educação popular, assim como a educação do campo, pretende a construção de um novo saber, superando a educação bancária, que fazia, e ainda faz, a transferência seletiva dos saberes dominantes às classes populares, visando à manutenção da ordem vigente.

Destacamos a importância da não dicotomização entre os diferentes tipos de educação democráticas, bem como da não hierarquização entre educação formal e não formal, pois todas de que tratamos aqui buscam a superação do modelo societário vigente, que tem servido para a reprodução de uma sociedade de opressores e oprimidos.

Acerca da educação comunitária e sociocomunitária, concebidas como uma das expressões da educação popular, esclarecemos que elas se organizam por meio dos movimentos populares e têm o papel de contribuir para a organização e o desenvolvimento de comunidades, abarcando a condição dos sujeitos do campo e da cidade.

Ainda, retomamos Gadotti (2012) para recordar que a educação popular comunitária se reconhece como uma educação socialmente produtiva, em que *produzir* significa gerar relações sociais de produção. Nesse sentido, busca transformar o modelo produtivo a fim de alcançar um modelo de desenvolvimento social e pessoal, supondo uma educação de participação e autogestão, uma educação integrada ao trabalho produtivo e uma educação comunitária para trabalhar associativamente.

Diante dessa perspectiva da educação no processo de mudança, o papel do educador é o de assumir posição política em favor da transformação. Entender que a construção dessa posição política de mudança não começa fora dele, mas se processa nele e com ele, na relação com seu papel profissional com a comunidade em que atua, seja do campo, seja da cidade. A ação do educador progressista, juntamente aos demais sujeitos envolvidos, será a da leitura crítica da realidade, concretizando a denúncia da opressão e o anúncio de caminhos para sua superação, tendo a clareza de que estará trabalhando no tensionamento oriundo da classe dominante.

Indicações culturais

FREIRE, P. **Extensão ou comunicação?** Rio de Janeiro: Paz e Terra, 1969.

Como forma de avançar nas reflexões deste capítulo, sugerimos a leitura da obra de Paulo Freire, intitulada Extensão ou comunicação?. *No livro, o autor discute o papel do educador diante das populações do campo.*

Atividades de autoavaliação

1. A educação popular como saber da comunidade nasce nos anos 1960 e ainda hoje se faz presente, estendendo seu diálogo com outras "educações", como a educação do campo, a educação quilombola, a educação indígena etc. Além da característica semelhante que as une, que é seu caráter emancipatório, hoje, é possível afirmar que há outra característica que as define, qual seja:

a) os conhecimentos técnicos ligados a cada área específica.

b) os termos *território* e *territorialização*, demarcando as lutas dos movimentos.

c) a luta de todos os movimentos pelo fortalecimento da tutela do Estado.

d) a disputa entre os movimentos para demarcar sua posição hegemônica.

2. O primeiro conceito de educação comunitária surgiu nos anos de 1950 por meio da Campanha Nacional de Educação Rural (CNER) e das missões rurais, tendo como principal objetivo:

a) formar uma massa crítica que refletisse sobre o papel do trabalhador do campo e seus direitos.

b) estimular os sujeitos do campo a se instruírem para assumir postos na indústria urbana, a qual estava carente de mão de obra qualificada.

c) incentivar a elevação dos padrões de vida por meio da crença de que os problemas do meio rural poderiam ser solucionados pelas próprias populações.

d) aprender produzindo, sem levar em conta a realidade das populações marginalizadas, excluídas do modo de produção dominante.

3. A educação popular e a participação comunitária visam à construção de um processo de transformação social e econômica, em que os sujeitos participantes observem a ética no momento em que dialogam com a comunidade. Isso implica alertar para o cuidado da não superposição cultural, repetindo os movimentos da educação tradicional. Sobre a educação popular e a participação comunitária, assinale a alternativa correta:

a) Por se tratar de processos que pressupõem a transformação, efetivam-se "com" as pessoas, e não "para" as pessoas.

b) Por se tratar de transformação e para garantir o sucesso dos processos, efetivam-se "para" as pessoas.

c) Por se tratar de educação, não é possível envolver propostas de organizações econômicas populares.

d) Devem ficar exclusivamente ligadas aos movimentos informais, não sendo possível desenvolvê-las na escola.

4. Um dos elementos fundamentais para o desenvolvimento de um processo e projeto de educação com foco na transformação social é ter a clareza do papel do educador/a. Uma das características do papel do educador/a no processo de mudança é:

a) assumir uma postura de neutralidade diante dos estudantes e de suas realidades.

b) colocar-se à frente do processo como liderança e assumir o protagonismo, afinal, já estudou e tem a clareza do caminho a ser seguido.

c) saber que não pode misturar o papel de educador e conhecedor técnico de sua área com o papel político de cidadão.

d) refletir constantemente, em conjunto com os estudantes, acerca da realidade, do que sabem e do que não sabem, construindo opções políticas para emancipação.

5. De acordo com Caldart et al. (2012, p. 261), *educação do campo* "combina a luta pela educação com a luta pela terra, pela reforma agrária, pelo direito ao trabalho, à cultura, à soberania alimentar, ao território. Por isso, sua relação de origem com os movimentos sociais de trabalhadores. Na lógica de seus sujeitos e suas relações, uma política de educação do campo nunca será somente de educação em si mesma e nem de educação escolar, embora se organize em torno dela". Sobre o tema, é possível afirmar que é papel do educador/a do campo:

a) entender que a educação escolar do campo não tem importância na vida política de seus sujeitos.

b) reconhecer os valores e a cultura da população do campo como pressuposto de unidade para a construção de um processo de transformação social.

c) desenvolver sua ação política de transformação com outros sujeitos do campo, porém, fora do processo de educação escolar.

d) trabalhar sob a perspectiva das políticas públicas da educação, deixando claro aos alunos que a escola não é lugar de tratar de outros assuntos.

Atividades de aprendizagem

Questões para reflexão

1. Por que a escola e os educadores estão, de forma geral, tão distantes da cultura popular e dos movimentos sociais?

2. Para ser um professor que assume o papel de educador do campo, quais são os valores político-pedagógicos imprescindíveis à sua ação docente?

Atividade aplicada: prática

1. Construa um plano de aula sobre a educação do campo e a educação comunitária em diálogo com os movimentos sociais. Estabeleça como objetivos a relação com os movimentos sociais, com a cultura popular e com a educação popular sob a perspectiva da emancipação humana. A metodologia precisa envolver a participação dos alunos e da comunidade do campo de sua localidade, visando ao aprofundamento dos principais problemas e caminhos para sua superação.

Educação do campo e produção de conhecimentos geográficos

Neste capítulo, vamos identificar a geografia como uma ciência que contribui para a construção da educação do campo. A partir desse diálogo, abordaremos o espaço geográfico como a junção de elementos físicos, sociais e culturais, buscando identificar, nesse contexto, as diferentes paisagens e as categorias de lugar e região com base na educação do campo. Por fim, retomaremos a questão do território como espaço de disputa, de paixões, de poder, de diversidade, de relações culturais e de diálogos.

5.1 Educação do campo e geografia

Para compreender a relação entre educação do campo e a geografia, é preciso voltar um pouco no processo histórico, que foi construído nos primeiros capítulos deste livro. Retomamos, dessa forma, a construção do debate e a concepção da educação do campo, identificando sua influência nos processos de formação.

A educação do campo tem 20 anos de construção no Brasil. Simboliza uma história recente e fruto da luta dos movimentos sociais diante do contexto de fechamento de escolas localizadas no campo. Engloba, ainda, a saída da população rural rumo às cidades e a luta pela terra. Segundo dados do Instituto Brasileiro de Geografia e Estatística (IBGE), entre os anos de 2002 e 2010 foram fechadas 27.709 escolas localizadas no campo, como ilustra o Gráfico 5.1, a seguir.

Gráfico 5.1 – Escolas fechadas no Brasil

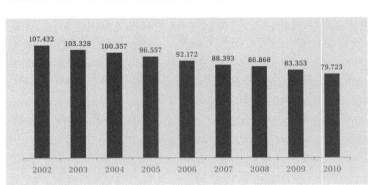

Fonte: Elaborado com base em Inep, 2019b.

No Paraná, de 2000 até 2012, segundo dados do Censo Escolar, foram fechadas 1.621 escolas municipais. Na perspectiva da geografia, o fechamento das escolas no campo pode ser considerado um fator que influenciou a migração para a cidade.

Anteriormente, já constatamos a existência de um movimento gerado pelo processo de industrialização e a busca por trabalhadores.

> É somente a partir da década de 1930 e, mais sistematicamente, das décadas de 1950 e 1960 do século XX que o problema da educação rural é encarado mais seriamente — o que significa que paradoxalmente a educação rural no Brasil torna-se objeto do interesse do Estado justamente num momento em que todas as atenções e esperanças se voltam para o urbano e a ênfase recai sobre o desenvolvimento industrial. (Damasceno; Beserra, 2004, p. 45)

Para Farias (2014), esses fatores também contribuíram para a saída do campo em busca da cidade, uma vez que havia necessidade de mão de obra para as indústrias.

O fato é que muitos programas foram implementados no Brasil para as escolas rurais com recursos internacionais, seguindo a lógica de instrumentalização dos trabalhadores. Contudo, a maioria da população, no período citado, estava no campo, como demonstra a Tabela 5.1, a seguir.

Tabela 5.1 – População urbana e total – Brasil – 1940-2000

Ano	% da População Urbana	População Total
1940	31,20	41.236.315
1970	55,90	93.139.037
1980	67,60	119.002.706
1991	75,60	146.825.475
2000	81,20	169.799.170

Fonte: Elaborado com base em IBGE, 2007; 2019c.

Então, se a maioria da população estava no campo e era analfabeta, como inverter a situação, uma vez que a "necessidade" era ter mais gente nas cidades? Investindo em escolas localizadas no campo? Não, era preciso fazer com que as pessoas quisessem sair do campo, e não permanecer nele. Isso justifica em parte a negação quanto à educação do campo na história do Brasil, ou seja, há muito tempo o campo é considerado um local de atraso.

A geografia teve e têm um papel importante no que tange à compreensão do campo brasileiro, suas características históricas de concentração de terra, desde a chegada da Europa até sua configuração e perpetuação nos dias de hoje. A compreensão do campo como arcaico ganha força com a expansão do agronegócio, que tem *status* de desenvolvimento (Fernandes, 2005). A produção de monoculturas em extensões de terras cada vez maiores, o uso intenso de agrotóxico e a adoção de maquinários levaram a maioria da população brasileira a conceber essa forma de agricultura como avançada. Assim, qualquer outra forma de produzir passou a ter o *status* de "atrasada". Diante desse contexto, as escolas começaram a ser fechadas no campo, pois não havia mais a necessidade de tanta gente nesse lugar. As "escolinhas" deixaram de ser necessárias no campo do agronegócio.

> O contexto socioeconômico-histórico que envolve as questões da educação rural está diretamente relacionado com a estrutura fundiária brasileira, caracterizada por uma grande concentração da propriedade da terra na mão de poucos, crescente expropriação dos pequenos agricultores e aumento do assalariamento rural. Essa concentração fundiária, a grilagem, a violência no campo, a miséria e a fome, com a consequente degradação das condições de vida dos trabalhadores rurais, são fatores que vêm acompanhados de um crescente êxodo rural. (Sampaio, 2009, p. 72)

De acordo com Ribeiro (2010), todas as experiências e tentativas de repensar a educação rural estiveram, até os anos 1970, sob a influência norte-americana. Recebiam o apoio do Ministério da Educação e Cultura (MEC) e fundamentavam-se em uma realidade externa à realidade brasileira, supondo que as populações rurais estariam marginalizadas do desenvolvimento capitalista. Portanto, a política adotada para a educação rural, na época, era justificada pela integração das populações ao progresso que poderia advir desse desenvolvimento.

Importante!

Todo/a educador/a de geografia deve compreender a questão agrária brasileira e suas contradições. Os contextos político, econômico, cultural e educacional revelam que a visão de totalidade só é possível se todos os fatores que constituem a sociedade forem ponderados.

O direito de todos à educação só foi reconhecido na Constituição Federal (CF) de 1988 (Brasil, 1988). E, quando surgiu, nas décadas de 1980 e 1990, a educação do campo puxada pelos movimentos sociais, foi para dizer que nesse espaço havia conhecimento, cultura, saberes, além de sujeitos que trabalhavam, produziam e constituíam um modo de vida. Isso foi feito justamente para contrapor a concepção de educação rural, para mostrar que o campo tinha, sim, direito à educação de qualidade, o que aconteceu perante uma grandiosa saída do campo por parte dos trabalhadores (Farias, 2014).

Avançamos, portanto, na perspectiva de que a geografia é muito mais do que decorar nomes de países e de suas capitais. Entre outras atividades, a geografia faz uma importante contribuição para a educação do campo: no estudo e na identificação dos territórios e de seus processos de territorialização e desterritorialização; no trabalho com a questão agrária; na representação dos territórios; na construção cartográfica; nas análises sobre as populações. Não estamos, portanto, referindo-nos a processos estanques e/ou dissociados.

5.2 Espaço geográfico

Para ampliar nossa discussão sobre a geografia, sugerimos a leitura a seguir, que retrata um dos principais objetos de estudo da área: o espaço geográfico.

O que, de fato, queremos dizer quando mencionamos o espaço geográfico? No estudo do espaço, a geografia elenca quatro conceitos denominados *categorias de análise*: paisagem, lugar, região e território. Essas categorias ajudam na compreensão do espaço geográfico, mas ainda não é o suficiente.

Dessa forma, embasaremos nossa análise em alguns importantes geógrafos. Iniciaremos com Milton Santos, um dos principais profissionais brasileiros da área.

Para Santos (1988), o espaço não é uma coisa, nem um sistema de coisas, senão uma realidade relacional. O autor afirma que a natureza e a sociedade compõem uma relação estabelecida em razão do trabalho. Assim, Santos diverge da definição clássica da geografia de que o *espaço* é resultado de uma interação entre homem e natureza bruta. Para ele, o espaço "deve ser considerado como um conjunto indissociável de que participam, de um lado, certo arranjo de objetos geográficos, objetos naturais e objetos sociais, e, de outro lado, a vida que os preenche e os anima, ou seja, a sociedade em movimento" " (Santos, 1988, p. 10).

Santos (1988, p. 10) ainda complementa sua definição ao associar o espaço a "um conjunto de formas contendo cada qual frações da sociedade em movimento, já que para ele, as formas têm um papel na realização social". Por fim, o autor argumenta que

> a natureza é a origem, ela provê as coisas, as quais são transformadas em objetos pela ação do homem através da técnica. Santos compreendia o espaço como

um conjunto indissociável, solidário e também contraditório, de sistemas de objetos e sistemas de ações, não considerados isoladamente, mas como o quadro único no qual a história se dá. (Santos, 1999a, p. 51-52)

O geógrafo Raffestin (1980) afirma que o espaço é anterior, preexistente a qualquer ação. Dessa forma, podemos inferir que a produção e a organização desse espaço é determinada socialmente, definindo sua intencionalidade e função, que é posterior ao espaço. Assim, o espaço seria "dado" como se fosse uma matéria-prima. "Preexiste a qualquer ação. 'Local' de possibilidades, e a realidade material preexiste a qualquer conhecimento e a qualquer prática dos quais será o objeto a partir do momento em que um ator manifeste a intenção de dele se apoderar" (Raffestin, 1980, p. 128).

Importante!

O que há em comum nas definições teóricas apresentadas por Santos (1988, 1999a) e Raffestin (1980)? Ambos entendem que a transformação e a produção do espaço são realizadas pela ação humana, de acordo com a compreensão de cada um sobre produção/transformação. Tanto para Santos quanto para Raffestin, o espaço é anterior.

Dessa forma, o que é esse espaço geográfico? Por certo, há diferenciações geográficas. Pensando nisso, é possível relacioná-lo com questões que fazem parte da vida, como o modo de produção capitalista e a produção/transformação do espaço. Como o capital faz uso e transforma o espaço? Já pararam para pensar? Como está definido o uso do espaço nos municípios: campo e cidade? Há regiões mais procuradas para determinados uso do espaço?

Quais? Por quê? Onde se planta monocultura? Quais as áreas de preservação? Onde estão localizadas as comunidades quilombolas? Indígenas? Quais as relações estabelecidas na região amazônica? Qual a compreensão do espaço amazônico para as populações que lá vivem e para o capital? Há diferença? Quais?

Para a geografia, analisar essas questões torna-se fundamental, afinal, é preciso que o geógrafo entenda as várias relações que compõem a sociedade. O domínio do capital sobre as coisas, as pessoas, os territórios e o modo de produção mostra-se contraditório porque é capaz de criar riqueza e pobreza, gerando desigualdades sociais que são verdadeiros abismos.

Assim, o espaço geográfico é o principal objeto de análise da geografia. Para evidenciar ainda mais a importância dessa ideia, a partir de agora, aprofundaremos nosso estudo abordando os quatro conceitos utilizados para basear o estudo geográfico, com as já mencionadas categorias de análise: paisagem, lugar, região e território.

5.3 Paisagem

O que é uma paisagem? É a representação do passado, do presente, com elementos culturais, do visível e do invisível. Milton Santos (1997, p. 84) afirma que: "a paisagem existe, através de suas formas, criadas em momentos históricos diferentes, porém coexistindo no momento atual".

Quando olhamos ao nosso redor, visualizamos uma paisagem, mas o que vemos é resultado de vários fatores. Entre elas estão os elementos culturais, os econômicos, os políticos, que, juntos, resultam em determinada organização e disposição. Santos (1996, p. 61-62) amplia a definição de paisagem: "o domínio do visível, aquilo que a vista abarca. Não é formada apenas por volumes, mas também de cores, movimentos, odores, sons [...]. A dimensão da paisagem é a dimensão da percepção, o que chega aos sentidos".

Nessa definição, o autor avança para além da compreensão clássica daquilo que a vista alcança, pois acrescenta o movimento, o cheiro, o som e demais elementos que permanecem ocultos, mas que fazem parte da paisagem. A paisagem representa também as relações estabelecidas na produção de determinado espaço geográfico, consistindo em um conceito básico da ciência geográfica, com modificações que ocorrem na história.

Importante!

A geografia analisa as paisagens a partir da construção e de seus elementos, que podem ser naturais, sociais, econômicos e culturais.

O que determina uma paisagem são os fatores que a constituem. Para exemplificar tal afirmação, podemos pensar na paisagem encontrada na Antártica e perguntar: O que a constitui? Qual é o grau de interferência natural e humana? Se olharmos para uma cidade, a paisagem é constituída de quais fatores?

As Figuras de 5.1 a 5.8 são exemplos de paisagens que contêm elementos, naturais, sociais, econômicos e culturais. Segundo Oliver Dolfus (1991, p. 11), "toda paisagem que reflete uma porção do espaço, ostenta marcas de um passado mais ou menos remoto, apagado ou modificado de maneira desigual, mas sempre presente".

Então, o que podemos perceber nas paisagens a seguir? Elas são construções que refletem o quê? Quais fatores sociais, políticos e econômicos estão retratados? Quais as contradições expostas? Como o modo de produção capitalista interfere nas paisagens? Quando abordamos a saída da população do campo em busca das cidades, parte dessa população se estabeleceu em áreas marginais. Quais são essas áreas? Quais fatores determinam essa condição? Outro elemento importante é perceber a desigualdade social retratada, assim como a transformação do espaço para diferentes usos.

Figura 5.1 – Cordilheira dos Andes: paisagem natural

Figura 5.2 – Favela: paisagem social que reúne elementos culturais

Figura 5.3 – Amazônia: paisagem natural

Figura 5.4 – Amazônia: paisagem cultural e econômica

Pale Zupani e Delfim Martins/Pulsar Imagens

Figura 5.5 – Produção de monocultura com agrotóxico: paisagem econômica e cultural

Figura 5.6 – Agricultura orgânica de base agroecológica: paisagem econômica, cultural e social

Figura 5.7 – Concentração populacional: paisagem social, cultural e econômica

Figura 5.8 – Verticalização urbana: paisagem social, cultural e econômica

Para Claval (2010, p. 83), "a paisagem é portadora de memória e ajuda a construir os sentimentos de pertencimento". Seguindo nessa perspectiva, outro geógrafo com uma contribuição fundamental para a compreensão e a reflexão sobre paisagem é Aziz Ab'Sáber. Ele destaca que a paisagem é uma *herança* em todo sentido da palavra, por ser um patrimônio coletivo dos povos que historicamente herdaram o território de atuação de suas comunidades (Ab'Sáber, 2003). Essas "paisagens herança" sofrem interferência de quem as herda, remodelando e modificando. É claro que a paisagem também é alvo da ação da própria natureza, o que é conhecido como *força natural* (Ab'Sáber, 2003), e vão sendo remodeladas. É o caso, por exemplo, dos processos de formação topográficas, cujos fatores externos e internos podem durar milhares de anos.

> É indispensável ressaltar que as nações herdaram fatias maiores ou menores – daqueles mesmos conjunto paisagística de longa e complicada elaboração fisiográfica e ecológica. Mais do que simples espaços territoriais, os povos herdaram paisagens e ecológicas pelas quais certamente são responsáveis, ou deveriam ser responsáveis. Desde os mais altos escalões do governo e da administração até o mais simples cidadão, todos têm uma parcela de responsabilidade permanente, no sentido da utilização não predatória dessa herança única que é a paisagem terrestre. (Ab'Sáber, 2003, p. 6)

Ab'Sáber (2003) desperta a atenção para a preservação dos recursos, com a opção do uso do modelo agrícola vigente. Isso remete ao pensamento sobre nossa herança recebida: a Amazônia. O que determina o uso, a modificação, a alteração do espaço/da natureza em um modo de produção capitalista? É possível atribuir o desmatamento da Amazônia ao modo de produção? Por quê? Torna-se difícil dissociar o espaço da natureza e do território, já que natureza e espaço antecedem o território que é produzido sobre esses dois.

5.4 Lugar

Continuando com as categorias de análise elencadas pela geografia, chegamos ao *lugar* e há uma necessidade de explicar, de conceituar, tal termo. Afinal de contas, qual é o nosso lugar? Podemos considerar o lugar como algo específico, particular, singular? É o cotidiano? O lugar pode ser pensado como diverso?

Para Carlos (2007, p. 16), "o lugar é uma noção que se desfaz e se despersonaliza diante da massacrante tendência ao homogêneo, num mundo globalizado". Milton Santos (citado por Carlos, 2007, p. 16) afirma que "existe uma dupla questão no debate sobre o lugar. O lugar visto 'de fora' a partir de sua redefinição, resultado do acontecer histórico e o lugar visto de 'dentro', o que implicaria a necessidade de redefinir seu sentido".

> O lugar é a base da reprodução da vida e pode ser analisado pela tríade habitante – identidade – lugar. A cidade, por exemplo, produz-se e revela-se no plano da vida e do indivíduo. Este plano é aquele do local. As relações que os indivíduos mantêm com os espaços habitados se exprimem todos os dias nos modos do uso, nas condições mais banais, no secundário, no acidental. É o espaço passível de ser sentido, pensado, apropriado e vivido através do corpo. (Carlos, 2007, p. 17)

Assim, o lugar é o que está próximo, é onde as relações afloram, onde a vida acontece com seus cotidianos. Carlos (2007) define *lugar* como a porção do espaço apropriável para a vida – apropriada por meio do corpo – dos sentidos – dos passos de seus moradores, é o bairro, é a praça, é a rua. Assim, lugar é o concreto da vida. O lugar é onde nos deslocamos diariamente para o trabalho, para o passeio na vizinhança. Nesse sentido, as relações mais próximas é que constituem o lugar, onde residem nossa família e nossos amigos. Carlos (2007) esclarece que lugar são as relações cotidianas mais finas. Também é possível dizer que é onde são reveladas nossas qualidades e nossas fraquezas, ou seja, o lugar é onde vivemos.

5.5 Região

A região é outra categoria de análise da geografia, como já citamos. A definição geográfica a coloca como porções do território que agregam características físicas, geomorfológica, clima e temperatura. *Região* é uma divisão que obedece a critérios específicos que auxiliam na compreensão de determinada área, considerando algumas características semelhantes. As regiões podem conter características naturais, como é o caso do Cerrado, da Caatinga, dos Pampas, da Amazônia, da Mata Atlântica e do Pantanal.

Contudo, as características por si só não definem uma região. Há também as delimitações geoeconômicas, que auxiliam no entendimento da economia. Uma região é uma extensão do território delimitado por clima, solo, vegetação, produção econômica e outras características que lhe são peculiares. Esses aspectos geralmente se diferenciam dos territórios próximos.

No Brasil, as regiões são delimitadas e demarcadas. Há cinco grandes regiões: Norte, Nordeste, Centro-Oeste, Sudeste e Sul.

Os critérios para estabelecê-las foram as características econômicas, culturais, físicas e sociais dos estados. Porém, a última alteração ocorreu por meio da Constituição Federal (CF) de 1988, que, além dos critérios elencados, acrescentou fatores políticos e ambientais.

Cada região brasileira reúne peculiaridades, que são utilizadas para fazer o processo de gestão do território, possibilitando o olhar para a diversidade de um país com dimensões continentais.

Nesta obra, contudo, a ideia não é discutir cada região, mas perceber como é realizado o ordenamento territorial, tendo em vista o processo de homogeneização representado pela globalização e que leva a uma fragmentação dos espaços geográficos.

Importante!

Ordenamento territorial é uma forma singular de uso do território, retratando um arranjo de objetos sociais, naturais e culturais historicamente estabelecidos (Santos e Becker, 2007).

Assim, o ordenamento territorial anuncia à sociedade as significações particulares e próprias do uso do território. Santos (2007) alerta que essa dimensão não apenas revela o território de determinado grupo social, mas também os embates entre territorialidades conflitantes.

Atualmente, as regiões agrícolas e urbanas devem ser entendidas de acordo com a seguinte composição: "as regiões agrícolas (e não rurais) contêm cidades; as regiões urbanas contém atividades rurais" (Santos, 1993, p. 65). Assim, é possível afirmar que há um Brasil urbano e um Brasil agrícola, e em cada subespaço há relações de conflito.

Vamos a um exemplo. A extração mineral ganhou impulso no Brasil para acompanhar a expansão econômica da China. O resultado foi um passivo ambiental que provocou desmatamento, deslocamento das populações tradicionais, aumento da demanda de geração de energia, assoreamento de rios, ou seja, o capital alimentou uma complexa teia de relações que envolve produção, circulação e consumo de alimento. Diante disso, questionamos: Isso é denominado *desenvolvimento*?

Importante!

O olhar econômico para as regiões estabelece outras relações, diferentes da constituição natural, pois demanda o "desenvolvimento" social e econômico e atribui a isso a "necessidade" de desmatar para avançar com as fronteiras agrícolas.

Precisamos questionar e entender o termo *desenvolvimento* e pensar sob qual perspectiva as "necessidades" são estabelecidas. A quantidade de terra destinada para produzir já não é suficiente? Os minérios explorados são destinados para quem? A serviço de quem?

O Mapa 5.1, além de mostrar a regionalização no Brasil com uma divisão por regiões geoeconômicas, retrata as relações existentes nos territórios. É possível analisar uma das regiões e identificar traços comuns e particulares que a definam como região.

Mapa 5.1 – Regiões geoeconômicas do Brasil

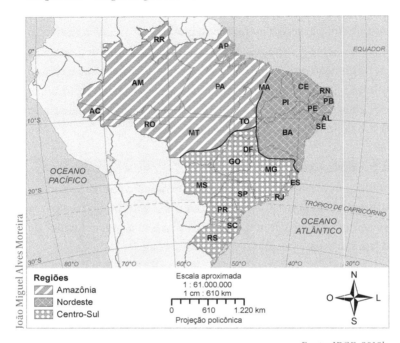

Fonte: IBGE, 2019b.

Observe que a divisão das regiões não considera os limites dos Estados. Ainda, é fundamental, além das características, compreender como a vida funciona em cada região demarcada no mapa. Uma região pode ser traduzida como uma síntese de seus fatores externos e internos. Esses fatores podem divergir ou convergir, pois "a região torna-se uma importante categoria de análise, importante para que se possa captar a maneira como uma mesma forma de produzir se realiza em partes específicas do Planeta ou dentro de um país, associando a nova dinâmica às condições preexistentes" (Santos, 1988, p. 47).

Para Santos (1988), a região ganha outra dimensão, pois não devem ser considerados somente fatores que se estabelecem para a dimensão das relações existentes, já que estas perpassam os fatores criados para estabelecê-las.

Para Haesbaert (1999, p. 22),

> cabe a uma geografia regional renovada recuperar o sentido dos recortes espaciais tanto a partir de sua inserção desigual em movimentos mais globalizados quanto a partir de recriação de singularidades que lhes dão um caráter próprio. Revalorizar o singular não significa cair outra vez numa fenomenologia pura, que vê somente o acontecimento, ou num empirismo bruto, baseado no binômio observação descrição; significa, isto sim, evidenciar a capacidade dos grupos humanos de recriar espaços múltiplos de sociabilidade.

Haesbaert (1999) considera que uma região é composta das relações e também das diferenças. Precisa, ainda, ser compreendida para além das questões econômicas.

5.6 Território

Mas o que é o território de que falamos anteriormente? Discutimos no tópico anterior o ordenamento territorial. Agora, é preciso esclarecer que é no território que o lugar e a região são produzidas/estabelecidas. Antes de contextualizá-lo, vamos fazer uma breve viagem sobre a nossa história, pois ela é um dos fatores que determinam os territórios compostos de regiões e de lugares.

É importante ressaltar que o território é uma categoria de análise, mas não somente da geografia. Essa categoria é muito utilizada pelas ciências e é também relevante para a elaboração de políticas públicas. Estamos inseridos em um sistema econômico que "centra sua lógica na concentração da propriedade e dos meios de produção nas mãos de uma classe constituída apenas por uma minoria da sociedade" (Onçay, 2005, p. 29).

Preste atenção!

É, aqui, interessante citar uma frase de José de Souza Martins (1981, p. 26): "a história brasileira é a história das classes dominantes, é uma história de senhores e generais, não é uma história de trabalhadores e de rebeldes".

Abordar um pouco da história constituída da concentração de terra que o Brasil traçou desde o seu princípio é necessário para refletir sobre concepções que continuam marcantes nessa concentração de riqueza, poder e território.

A desigualdade do Brasil foi marcada por esse tipo de concentração, o que remete à importância de olhar para história. Ao fazermos isso, trazemos o contexto de quando o Brasil ainda não era Brasil e aqui viviam os povos originários, com sua cultura, seus conhecimentos, suas crenças e seus costumes.

Então, chegamos ao momento histórico em que a necessidade de expansão dos países da Europa era grande. Portugal e Espanha seguiram à frente na corrida para conquistar novos territórios em busca de riquezas, tendo como modelo a ser seguido o modo de vida europeu. Isso fez com que julgassem os povos encontrados "inferiores", afinal, estes estavam distantes da cultura europeia (considerada um modelo a ser disseminado). Foi assim que aconteceu a "invasão" cultural dos povos originários, sendo imposta, inclusive, a língua do colonizador, desenvolvendo uma ideia de que "ser civilizado é ser moderno e ser moderno é estar no presente". Para Mignolo (2000, p. 385) "a negação da contemporaneidade tornou – se uma das estratégias mais poderosas para a colonialidade do poder na subalternização das línguas, saberes e culturas".

Diante dessa constatação, a história seguiu com exploração e extermínio dos povos, bem como exploração dos recursos naturais e minerais. Do mesmo modo, a igreja se instalou na nova terra para "auxiliar" na relação com os povos. Quanto ao território, ele foi sendo disputado por países europeus: Portugal e Espanha, primeiramente.

Por ter dificuldades em encontrar pessoas para cuidar e tomar posse das terras brasileiras, considerando que os povos originários foram ignorados, Portugal, ao tomar posse do território, enviou ao Brasil 12 pessoas. O plano consistiu na divisão da costa brasileira, em 12 setores lineares com extensões que variavam entre 30 a 100 léguas, sendo cada légua equivalente a 6.000 metros de extensão. Essa divisão foi definida por capitanias hereditárias, que foram doadas a titulares que gozaram de grandes regalias e poderes soberanos.

O principal objetivo das capitanias era a exploração da cana de açúcar no nordeste e no sudeste do país, visto que o açúcar era uma mercadoria em crescente expansão de consumo no mercado europeu. Além disso, as terras brasileiras eram bastante propícias à exploração dessa cultura, uma vez que já havia um significativo desmatamento de toda costa em função da exploração da madeira.

Dessa forma, a concentração de terra estava instituída, e foi com o trabalho escravo que as produções de açúcar e de café avançaram. Pois bem, de forma simples, mas mantendo uma linha temporal dos fatos, ressaltamos que, assim como as capitanias hereditárias, as sesmarias também mantiveram a estrutura de domínio e poder do território. Para Martins (1981), a concentração de terra no Brasil ocorre desde o início da posse sobre as terras "achadas". Com as sesmarias, os coronéis mantinham grandes extensões de terras sob seus domínios, sendo elas cultivadas por meio de trabalho escravo. Diante da pressão inglesa para o fim do tráfico negreiro, o Brasil, antevendo esse acontecimento, promulgou a Lei de Terras (Martins, 1981).

A Lei de Terras, segundo Martins (1981), instituía um novo regime fundiário para substituir o regime de sesmarias, suspenso em julho de 1822 e não mais restaurado. É interessante destacar que, nesse período de suspensão, o número de posseiros no país se viu multiplicado, ou seja, os trabalhadores tomariam posse das terras que ainda não haviam sido distribuídas. Assim, "a Lei de Terras proibia a abertura de novas posses, estabelecendo que ficassem proibidas as aquisições de terras devolutas por outro título que não fosse à compra" (Martins, 1981). E quem possuía o dinheiro para comprar terra? Será que os camponeses que foram obrigados a permanecer trabalhando nas terras do fazendeiro contavam com esse recurso?

Para Martins (1981, p. 32)

> a proibição de aquisições de terras devolutas era direcionada para os camponeses da época, pois um número significativo deles se deslocavam para áreas ainda não concedidas em Sesmarias aos fazendeiros da região. E eram nessas áreas que os camponeses abriam suas posses para ali permanecerem com suas famílias.

Importante!

Foi diante das estratégias do Estado para manter a concentração de terras e obrigar que os trabalhadores permanecessem a trabalhar nas fazendas dos grandes proprietários que o Brasil se constituiu.

O território é uma categoria de análise bastante usada pela geografia e especialmente útil para entender nosso objeto. Segundo Raffestin (1980, p. 128), o território "se forma do espaço, é o resultado de uma ação conduzida por um ator sintagmático (aquele que realiza um programa) em qualquer nível. Ao se apropriar de um espaço, concreta ou abstratamente, o ator territorializa o espaço".

Raffestin (1980) também faz menção ao que Lucien Lefebvre define sobre os conceitos de espaço e território, ao mostrar que o *território* é um espaço onde se projetou um trabalho, seja energia, seja informação, e que, por consequência, denota relações marcadas pelo poder.

Para Santos (1999b, p. 20), território pode ser definido da seguinte maneira:

> o lugar em que desembocam todas as ações, todas as paixões, todos os poderes, todas as forças, todas as fraquezas, isto é, onde a história do homem plenamente se realiza a partir das manifestações da sua existência [...]. O território não é apenas o conjunto dos sistemas naturais e de sistemas de coisas superpostas. O território tem que ser entendido como o *território usado,* não o território em si. O território usado é o chão mais a identidade. A identidade é o sentimento

de pertencer àquilo que nos pertence. O território é o fundamento do trabalho, o lugar da residência, das trocas materiais e espirituais e do exercício da vida.

Com base nessas descrições e afirmações dos autores, é possível inferir que, para definir um território, devem ser considerados alguns elementos, como o espaço, as relações de poder, os sistemas naturais, a identidade, o sentimento de pertença, o lugar da residência, o fundamento do trabalho, as trocas, as projeções, a construção social e as relações econômicas e culturais.

Importante!

É essencial a compreensão de que um território está em constante disputa, tendo sempre a dimensão das relações da existência.

Nesse sentido, para compreender o território para além das delimitações geográficas, devemos ter em vista que ele também é o chão onde vivemos, é relativo aos lugares, com suas constituições econômicas, políticas e sociais mais os agentes neles instalados, que carregam suas identidades (Santos, 1999b).

Para finalizar essa tentativa de definição do termo, trazemos o pensamento de Fernandes (2005, p. 17), que menciona os territórios materiais e imateriais para compreender as disputas:

> temos territórios materiais e imateriais: os materiais são formados no espaço físico e os imateriais no espaço social, a partir das relações sociais por meio de pensamentos, conceitos, teorias e ideologias. Territórios materiais e imateriais são indissociáveis, porque um não existe sem o outro e estão vinculados

pela intencionalidade. A construção do território material é resultado de uma relação de poder, que é sustentada pelo território imaterial com o conhecimento, teoria e ou ideologia.

Na contraposição do que vimos até aqui, outros territórios estão organizados para expulsar os trabalhadores do campo. Como exemplo, podemos citar o território do agronegócio, o do hidronegócio e o da mineração. Tais atividades consideram o campo como um negócio, preocupando-se apenas em contaminar, explorar, expropriar e expulsar.

Sempre que tratamos dos territórios, precisamos compreender que eles são simultâneos e estão em constante disputa. Há muita disputa! Se, por um lado, há a luta pela terra, as comunidades quilombolas sendo certificadas com resistência, além de áreas indígenas declaradas e demarcadas; por outro lado, o avanço do agronegócio e das fronteiras agrícolas em terras amazônicas e áreas indígenas conduz à expulsão e à morte das populações que lá vivem, tudo isso sob a tutela do Estado.

Síntese

Neste capítulo, identificamos a geografia como uma ciência que contribui para a construção da educação do campo. Entendemos, assim, o espaço geográfico como a junção de elementos físicos, sociais e culturais. Nesse contexto, ressaltamos que a educação do campo precisa fazer parte da construção da tomada de consciência dos direitos dos trabalhadores.

Desse modo, a educação do campo e a geografia estão cada vez mais próximas. A concepção de território deve ultrapassar as delimitações geográficas, abarcando o chão onde vivemos, os lugares, com suas constituições econômicas, políticas e sociais. Além disso, interessam os agentes neles instalados, que carregam suas identidades. Cabe ressaltar, porém, que outros territórios estão organizados para expulsar os trabalhadores do campo. Nesse contexto, podemos citar o agronegócio, o hidronegócio e a mineração, que consideram o campo como um negócio.

Atividades de autoavaliação

1. O espaço geográfico pode ser considerado como o principal objeto de estudo da geografia, que, para tanto, estabelece categorias de análise, quais sejam:

    a) paisagem, hidrografia, território, relevo e lugar.

    b) território, relevo, territorialidade e região.

    c) paisagem, território, região e lugar.

    d) espaço geográfico, cartografia, relevo e hidrografia.

2. Para Santos (1988), o espaço não é uma coisa, nem um sistema de coisas, senão uma realidade relacional. Diante dessa afirmação, é possível concluir:

    a) O espaço geográfico resulta de uma interação entre seres humanos e natureza, pois desconsidera que as relações estabelecidas em razão do trabalho.

    b) O espaço compreende as relações sociais e não pode ser resumido ao físico, pois é o espaço da vida. Sua base é a natureza (ou espaço físico), a qual o homem transforma com seu trabalho.

    c) O espaço deve ser considerado como um conjunto indissociável de que participam, de um lado, certo arranjo de objetos geográficos, naturais e sociais, e, de outro lado, a vida que os preenche e os anima, ou seja, a sociedade em movimento.

d) O espaço abarca uma dimensão geográfica, que pode também ser definida como o lugar em que vivemos.

3. A paisagem é uma categoria de análise da geografia e seu conceito é fundamental para a compreensão do espaço. Santos (1996) avança na compreensão clássica quando afirma que a paisagem é:

a) portadora de memória e ajuda a construir os sentimentos de pertencimento.

b) o domínio do visível, aquilo que a vista abarca; formada não apenas por volumes, mas também de cores, movimentos, odores, sons, e sua dimensão é a da percepção, o que chega aos sentidos.

c) o reflexo de uma porção do espaço, ostentando marcas de um passado mais ou menos remoto, apagado ou modificado de maneira desigual, mas sempre presente.

d) o espaço físico que constitui a sede das atividades humanas.

4. A Lei de Terras instituía um novo regime fundiário para substituir o regime de sesmarias, suspenso em julho de 1822 e não mais restaurado. Nesse período de suspensão, multiplicou-se o número de posseiros no país, ou seja, os trabalhadores tomariam posse das terras que ainda não haviam sido distribuídas. "A Lei de Terras proibia a abertura de novas posses, estabelecendo que ficassem proibidas as aquisições de terras devolutas por outro título que não fosse à compra" (Martins, 1981). Assim, o Brasil manteve a concentração. Sobre o assunto, analise as afirmativas a seguir e indique V para as verdadeiras e F para as falsas:

( ) Grande parte dos posseiros teve que deixar as terras que haviam ocupado, pois não tinham dinheiro para a compra.

( ) A Lei de Terras foi importante porque possibilitou o acesso à terra no Brasil.

( ) Os negros e negras também não tiveram acesso à terra.

( ) Todos que chegavam com intenção de adquirir terra, tiveram a possibilidade porque as terras eram da União.

5. A relação entre campo e cidade é um processo de suma importância para o desenvolvimento da ciência geográfica. Um dos motivos para tal é o fato de a relação entre esses setores implicar a reflexão sobre o processo de alteração da divisão social do trabalho. Na condição de processo inerente ao desenvolvimento capitalista, essa divisão alterou significativamente a relação entre campo e cidade. Marx (1985) afirma que a ruptura da antiga relação entre agricultura e manufatura criou uma nova categoria entre agricultura e indústria. Com a necessidade de aumentar a produção para atender à demanda de expansão de seus mercados, a indústria produz também bens duráveis, garantindo o aumento da produtividade. Sobre o assunto, analise as afirmativas a seguir e indique V para as verdadeiras e F para as falsas:

( ) No Brasil, a relação entre campo e cidade sofreu e vêm sofrendo constantes transformações socioespaciais.

( ) No Brasil, a partir de 1940, iniciou-se uma intensa inversão dos papeis de produtores e de consumidores; se havia 31,2% da população vivendo nas cidades, a partir de 2000, o percentual ultrapassou os 80%.

( ) Essa situação só aconteceu porque o Brasil não planejou a saída das pessoas do campo.

( ) A necessidade de aumentar a produção fez com que as pessoas fossem substituídas por máquinas.

Atividades de aprendizagem

Questões para reflexão

1. Se considerarmos os fatores que constituem a construção histórica do Brasil e mantivermos as características legítimas do modo de produção capitalista, constatamos a disputa territorial, a disputa de projetos de campo e a desigualdade social. De que forma a geografia como ciência pode contribuir na análise dessa realidade?

2. Faça a leitura do livro:
   SANTOS, M. **Metamorfoses do espaço habitado**: fundamentos teóricos e metodológicos da geografia. São Paulo: Hucitec, 1988.
   Com base na leitura, reflita sobre agronegócio, desenvolvimento, capital e educação rural.

3. Ao analisar o gráfico que segue, o que é possível concluir sobre o uso do espaço geográfico de cada país? Compartilhe suas reflexões com seu pares.

Fonte: IBGE, 2019a.

4. Elabore uma breve síntese sobre a questão agrária da região em que você vive.

Atividades aplicadas: prática

1. Elabore uma definição para cada um dos seguintes termos: *capital*; *commodities agrícolas*; *desenvolvimento sustentável*; *educação do campo*; *educação rural*; e *estrutura fundiária*. Uma boa referência para consulta é: CALDART, R. S. et al. (Org.). **Dicionário da educação do campo**. Rio de Janeiro: Escola Politécnica de Saúde Joaquim Venâncio; São Paulo: Expressão Popular, 2012.

2. Escreva um texto sobre os tipos de paisagens (cerrado, caatinga, planalto, planícies, serras e cordilheiras). Para essa atividade, sugerimos a leitura da obra: AB'SÁBER, A. N. **Os domínios de natureza no Brasil**: potencialidades paisagísticas. São Paulo: Ateliê, 2003.

6
Relações entre campo e cidade

A relação entre campo e cidade é um processo de suma importância para o desenvolvimento da ciência geográfica. A interação entre esses setores implica ponderar o processo de alteração da divisão social do trabalho, principalmente, como processo inerente do desenvolvimento capitalista.

Sob o ponto de vista dessa relação entre cidade e campo, neste capítulo, exploraremos o ensino da geografia, seu currículo e suas intenções políticas, o papel da escola como espaço de diálogo e a relevância da cartografia e da pesquisa para o trabalho do geógrafo.

6.1 A relação entre campo e cidade e a questão da renda

Já dizia Marx (1985) que, ao analisarmos a indústria e a grande maquinaria, passamos pela ruptura da antiga relação entre agricultura e manufatura, criando uma nova categoria, dessa vez, entre agricultura e indústria. Com a necessidade de aumentar a produção para atender à demanda de expansão de seus mercados, a indústria produz também bens duráveis, garantindo tal aumento de produtividade.

Nesse contexto, a mecanização agrícola transfere automaticamente o excedente populacional rural para a cidade. Essas pessoas vão, assim, participar da chamada *divisão do trabalho*. A maquinaria constituiu-se como método particular de extração de mais valia, funcionando como um sistema integrado em que se produz os bens tecnológicos para o aumento da produção agrícola (necessário para a indústria processadora). Há, também, a disponibilidade de oferta de mão de obra barata.

Com o desenvolvimento tecnológico, alteraram-se as possibilidades de permanência ou de saída das pessoas do campo para a cidade. O progresso tecnológico contemporâneo na agricultura transformou essa relação, principalmente pelo fato de que o mundo já não era mais tão simples como outrora (Santos, 2000). Existem, agora, exigências mais complexas e intensas no que diz respeito às relações local, regional, nacional e global.

Preste atenção!

No Brasil, a relação entre campo e cidade sofreu e vêm sofrendo constantes transformações socioespaciais. O país, a partir de 1940, iniciou uma intensa inversão dos papeis de produtores e de consumidores. Assim, se em 1940 havia 31,2% da população vivendo nas cidades, a partir de 2000 o percentual ultrapassou os 80%.

De acordo com Pochman (2012), a divisão internacional brasileira foi acelerada pelo desenvolvimento industrial e deixou marcas profundas na organização espacial urbana do país. Portanto, a opção de revolução conservadora, sem reforma fiscal e agrária, acumulou por muitas décadas os problemas sociais, como falta de moradia, o desemprego e a educação precária. Em diversos países desenvolvidos da Europa, bem como nos Estados Unidos, a reforma agrária foi realizada e o processo de urbanização ocorreu de forma mais gradativa e menos explosiva. Contudo, os problemas sociais brasileiros apresentam outras especificidades (Corrêa, 1997). Dizemos, assim, que o apoio do Estado ao desenvolvimento industrial durante as décadas de 1950 a 1970 não eliminou os problemas sociais do país. Segundo Suzigan e Furtado (2006), esse processo foi bom para o crescimento econômico brasileiro, mas péssimo para a futura organização do Brasil.

O processo modernizante na agricultura é contínuo e está constantemente alterando a relação entre o campo e a cidade. Graziano da Silva (1996) apresenta perspectivas com relação ao novo rural brasileiro, afirmando que a cada dia está mais difícil a caracterização do campo e da cidade em virtude de sua simetria. O desenvolvimento tecnológico na agricultura reduziu o tempo de trabalho necessário para desempenhar as funções produtivas. Portanto, se no passado era necessário ocupar praticamente todos os membros da família para produzir determinada quantidade de produtos, atualmente, são necessárias apenas algumas pessoas. O progresso tecnológico alterou o sistema de organização do trabalho agrícola, liberando parte dos trabalhadores para se ocuparem em funções não agrícolas, tanto no funcionalismo público quanto no âmbito privado.

Silva (1996) afirma que, com o avanço das técnicas, o rural deixou de ser considerado um local atrasado em relação à estrutura da cidade. O campo não pode mais ser visto apenas como um local de produção, pois é também responsável pela circulação do capital financeiro e pelo consumo, a exemplo das áreas investidas para lazer (turismo, residência, preservação ambiental).

Ainda, de acordo com o autor, nos países mais desenvolvidos, o agricultor já deixou há bastante tempo de ser um simples produtor, passando a combinar atividades não agrícolas "dentro e fora do estabelecimento" (Silva, 1996, p. 8). Tornou-se um agricultor pluriativo. Silva (1996, p. 8) esclarece que é comum a indicação dessa tendência como "o caminho da proletarização camponesa". Ele lembra, porém, que, no interior das propriedades camponesas do passado, também havia atividades não agrícolas que faziam parte da rotina diária, como a produção de tecidos, de doces, as construções fora da própria atividade, ou seja, ocupações que não eram devidamente especializadas (Silva, 1996).

Parte da justificativa dessa nova estruturação da mão de obra agrícola estava ligada à nova organização dos modelos de produção flexível, surgidos no pós-Segunda Guerra Mundial. Tratava-se de uma estratégia de diminuição do custo de produção, dada a crise de acumulação do modelo anterior (fordismo). Também estava ligada aos avanços técnicos nas áreas de meios de transportes e comunicação que abrangiam o meio rural.

Para Schneider (2003), um fator importante que faz com que a pluriatividade se desenvolva é a baixa remuneração que, normalmente, as atividades agrícolas proporcionam aos agricultores familiares. Diante disso, esses trabalhadores buscam novas alternativas de renda, mesmo que em atividades comerciais ou industriais de "grande penosidade e com baixos salários".

Sobre esse assunto, observe a Tabela 6.1, a seguir.

Tabela 6.1 – População rural ocupada, segundo o setor de atividade principal que exerce Brasil e regiões em 1995 (mil pessoas)

Regiões e Setor de atividades	Agrícola	Não-agrícola	Total	Não-agrícola (%)	Tx. cr. 92/95 (% a.a)
Norte (1)	137	50	187	27	4,0
Nordeste	6.774	1.730	8.504	20	1,9
Sudeste	2.817	1.254	4.071	31	6,7**
Sul	2.750	666	3.416	19	1,3
Centro-Oeste	841	230	1.072	21	5,6**
Brasil	13.320	3.930	17.249	23	3,5**

Fonte: Silva, 2002, p. 41.

Nota: Núcleo de Economia Agrícola do IE/UNICAMP, Projeto Rurbano – Tabulações Especiais. (1) exceto população Rural de RO, AC, AM, RR, PA e AP, que não é levantada pelas PNADS; ** Valores significativos ao nível de 20 e 10%, respectivamente.

Silva (2002) chama a atenção para os dados a respeito da Região Sudeste, que apresenta a maior parte de sua população ocupada em atividades não agrícolas no meio rural. Ao mesmo tempo, a região tem a maior taxa de crescimento de pessoas ocupadas em atividades não agrícolas.

O autor também destaca a Região Sul, em razão de ela ter a menor proporção de ocupação da população rural em atividades não agrícolas. O número, inclusive, é inferior à média nacional. Isso é curioso, pois, na Região Sul, há predominância da pequena propriedade no meio rural, além de uma industrialização menos concentrada se comparada à Região Sudeste. No entanto, o autor afirma: "as razões do menor peso das atividades não agrícolas na Região Sul estão por merecer uma investigação mais aprofundada" (Silva, 2002, p. 20). Essa ocupação de trabalho não agrícola faz com que uma parcela importante das famílias de agricultores familiares consiga complementar sua renda, tornando-se parte da realidade de determinada parcela de agricultores.

Além disso, a renda proveniente de atividades não agrícolas é importante para a elevação da renda média das famílias que trabalham na agricultura familiar, tendo em vista a reduzida taxa de lucro proporcionada pelas atividades agropecuárias, conforme salienta Schneider (2003).

Ainda sobre a relevância da presença de atividades não agrícolas na renda dos agricultores, Silva (1997) cita estudos baseados na Pesquisa Nacional de Amostras por Domicílios (PNAD), de 1992, referentes à década de 1980. Uma das constatações importantes é que a renda média das pessoas ocupadas em atividades agropecuárias, no meio rural, somente era superior ao resto do Brasil na Região Centro-Oeste. Para as outras regiões do país, no caso de agricultores que tinham ocupação não agrícola complementando sua renda, esta era superior se comparada com os casos em que a renda provinha exclusivamente de atividades agropecuárias. Notamos, portanto, que "as rendas provenientes das atividades não agrícolas puxam para cima a renda média das pessoas residentes no meio rural brasileiro" (Silva, 1997, p. 47).

6.2 Ensino da geografia e suas perspectivas

Ensinar geografia na perspectiva científica envolve uma série de complexidades. Pereira (2010) já dizia existir uma grande diferença entre a geografia como ciência e a geografia que se ensina. Como ciência, o termo se vê inserido na história da humanidade, sofrendo alterações ao longo do processo. Santos (1978), por sua vez, indica que a ideologia geográfica sofreu alterações de acordo com o desenvolvimento do capitalismo.

O fato é que, do determinismo ambiental até a geografia crítica, é possível afirmar que a geografia sofreu influências inerentes ao desenvolvimento do modo de produção capitalista. Conforme Santos (1978, p. 13), a geografia nasceu e sofreu influências dos países desenvolvidos e tinha como umas das funções "adaptar as estruturas espaciais e econômicas dos países pobres às novas tarefas que deviam assegurar sem descontinuidade".

6.2.1 O determinismo ambiental

O objetivo da escola alemã de geografia do século XIX, de Frederic Ratzel – conhecida como *doutrina do determinismo ambiental* –, foi interpretada pelos positivistas com a intencionalidade de naturalizar a situação econômica e social, apesar de que, em suas obras, Ratzel colocava a necessidade da expansão do território do Estado, naturalizando um poder político de interesses. Portanto,

> a geografia nascida tardiamente como ciência oficial, teve dificuldade para se desligar, desde o berço, dos grandes interesses. Estes acabaram carregando-a consigo. Uma das grandes metas conceituais da geografia foi justamente, de um lado, esconder o papel do Estado bem como o das classes, na organização da sociedade e do espaço. (Santos, 1978, p. 14)

Tudo indica que há forte ligação entre o desenvolvimento da geografia e a expansão colonial. De acordo com Freeman (1961, p. 48), "foi sob a inspiração de um mundo tornado maior que um novo interesse pela geografia apareceu nos anos 80 do século XIX". Afinal, havia os países africanos e asiáticos. Os primeiros considerados, naquele momento, um novo mundo. Os segundos eram pouco conhecidos. O fato é que ambos despertavam real interesse dos países industrializados em criar oportunidades de expansão de seus mercados e, às vezes, até realizavam conquistas territoriais em terras distantes.

É importante também destacar a influência francesa na geografia mundial. Nesse sentido, cabe mencionar o trabalho de Himly, substituído após a sua morte por Paul Vidal de La Blache. De acordo com Santos (1978, p. 14), La Blache "deu a impressão de apreciar a obra colonizadora", afirmando que a colonização ofereceu à humanidade um salto significativo. Além disso,

> devemos nos congratular porque a tarefa da colonização que constitui a glória de nossa época, seria apenas uma vergonha se a natureza pudesse ter

> estabelecido limites rígidos, em vez de deixar margem para o trabalho de transformação ou de reconstrução cuja realização está dentro do poder do homem.
>
> (Santos, 1978, p. 14)

A origem do determinismo vem da tentativa de criar um modelo para explicar a realidade histórica. Santos (1978, p. 13) diz que o determinismo tem origem com o historiador Henry Thomas Buckle, que estava à procura de "uma teoria científica da história, um modelo".

Uma das características dos deterministas estava em não considerar os valores culturais que acabam afetando o homem na formação de seus conceitos. No século XIX, dois fatores se configuram como importantes no capitalismo: o forte poder monopolizador de acumulação e uma nova expansão territorial. Inaugura-se, também, a fase imperialista. "Nesse século ocorrem alterações significativas na geografia mundial, ou seja, ocorre geografia nas universidades europeias e, mais tarde, nas norte-americanas" (Corrêa, 2007, p. 9).

De acordo com Corrêa (2007), o grande divulgador das ideias deterministas foi o geógrafo alemão Frederic Ratzel, tendo em vista sua origem de formação (zoologia, geologia e anatomia). Porém, seu determinismo ambiental foi amenizado pela influência humanista que sofreu de Carl Ritter, criador da geografia humana (antropogeografia).

Para Corrêa (2007, p. 10), "o determinismo ambiental configura uma ideologia, a das classes sociais, países ou povos vencedores, que incorporam as pretensas virtudes e efetivam as admitidas potencialidades no meio natural onde vivem". Justificam, assim, o sucesso, o poder, o desenvolvimento, a expansão e o domínio. Não é de se estranhar, pois, que na Grécia da Antiguidade se atribuíssem às características do clima mediterrâneo o progresso e o poderio de seu povo em face dos asiáticos, que viviam em áreas caracterizadas pela invariabilidade anual das temperaturas.

No século XIX surgiu o **imperialismo**, considerado fora do controle humano, uma situação econômica, social e histórica. Ratzel criou a teoria do "espaço vital" ou seja, "o território que representaria o equilíbrio entre a população ali residente e os recursos disponíveis para as suas necessidades, definindo e relacionando, deste modo, as possibilidades de progresso e as demandas territoriais" (Corrêa, 2007, p. 9).

6.2.2 O possibilismo

Outro paradigma importante do pensamento geográfico é o possibilismo. De acordo com Corrêa (2007), ele surgiu na França no século XIX, chegou à Alemanha no início do século XX e foi para os Estados Unidos na década de 1920. Representou outro paradigma para a geografia.

Na França, a reação ao possibilismo foi mais agressiva em razão da disputa territorial com a Alemanha. A França estava unificada já em 1871 e há muito tempo teria passado pela revolução burguesa. Portanto, havia menos resquícios feudais, estes ainda presentes na Alemanha. Nesse sentido, a França possuía um território rural vasto, que precisava ser organizado para impedir o avanço colonial alemão. No entanto, a corrida expansionista alemã possibilitou a invasão da Bélgica para chegar ao norte da França, fazendo com que os britânicos entrassem no conflito para impedir a chegada dos alemães ao Canal da Mancha.

Havia, assim, naquele período, uma disputa por expansão territorial entre França e Alemanha. O papel que a geografia francesa teria que cumprir era:

> » desmascarar o expansionismo germânico – criticando o conceito de espaço vital – sem, no entanto, inviabilizar intelectualmente o colonialismo francês;
>
> » abolir qualquer forma de determinação, da natureza ou não, adotando a ideia de que a ação humana é marcada pela contingência;
>
> » enfatizar a fixidez das obras do homem, criadas através de um longo processo de transformação da natureza; assim os elementos mais estáveis, solidamente implantados na paisagem, são ressaltados, não se privilegiando os mais recentes, resultantes de transformações que podem colocar em risco a estabilidade e o equilíbrio, alcançados anteriormente. Daí a ênfase no estudo dos sítios predominantemente rurais. (Corrêa, 2007, p. 12)

Para Moraes (citado por Corrêa, 2007), o determinismo exprimia uma situação de equilíbrio entre o homem e a natureza, e uma paisagem geográfica seria a área de ocorrência de uma forma de vida, ou seja, sem delimitação. No possibilismo, o objeto de estudo é a região, e essa região apresenta delimitações territoriais identificáveis – é possível pensar, aqui, no espaço vital de La Blache.

Para o possibilismo, a superação do subdesenvolvimento acabaria no momento em que o mundo subdesenvolvido tivesse contato com os gêneros da vida do mundo desenvolvido europeu.

6.2.3 O método regional

O método regional é considerado o terceiro paradigma da geografia, de acordo com Corrêa (2007). O autor o coloca em oposição ao determinismo ambiental e ao possibilismo.

Nele, a diferenciação de áreas não é vista a partir das relações entre o homem e a natureza, mas sim da integração de fenômenos heterogêneos em uma dada porção da superfície da terra. O método regional focaliza assim o estudo de áreas, erigindo não uma relação causual ou a paisagem regional, mas a sua diferenciação de per si como objeto da geografia. (Corrêa, 2007, p. 14)

O método regional, como afirma Corrêa (2007), sofreu influência de geógrafos americanos, que, por sua vez, tinham como tradição a valorização de estudos de áreas. "No centro da valorização do método regional está o geógrafo norte americano [Richard] Hartshorne. Com ele, o novo paradigma ganha outra dimensão" (Corrêa, 2002, p. 15). Para o autor, "o plano externo do método da geografia regional está em produzir um conhecimento sintético de diferentes áreas da superfície terrestre" (Corrêa, 2002, p. 15). Trata-se de uma preocupação antiga do período mercantil dos séculos XVI e XVII, um objetivo das grandes corporações e dos aparelhos de Estados dos países com desenvolvimento adiantado.

Importante!

A intenção do estudo de áreas era criar um método próprio para a geografia, assim como um objeto próprio, mas Hartshorne não adotou a região como objeto da geografia. Para ele, o importante era o método de identificar as diferenças de áreas.

6.2.4 A nova geografia

A nova geografia surgiu após a Segunda Guerra Mundial, com a nova expansão capitalista, a recuperação econômica europeia e o final da Guerra Fria. O período envolveu grande concentração de capital e progresso técnico, o que resultou na ampliação das grandes corporações (Corrêa, 2007). Essa nova geografia não tinha como objetivo a disputa por conquistas territoriais e que visava a expansão, como ocorreu no século XIX: "ela se dá de outra maneira e traz enormes consequências, afetando tanto a organização social como as formas espaciais criadas pelo homem" (Corrêa, 2007, p. 16).

A nova divisão social e territorial do trabalho promovida no pós-guerra envolveu "introdução e difusão de novas culturas, industrialização, urbanização e outras relações espaciais" (Corrêa, 2007, p. 17). Desse modo, as regiões formadas de acordo com a abordagem possibilista foram desfeitas em virtude da guerra, mas, ao mesmo tempo, a ação humana construiu novas formas espaciais (rodovias, ferrovias, represas, novos espaços urbanos, extensos campos agrícolas despovoados com alta tecnologia em máquinas, *shopping centers*). Essas novas transformações acabaram inviabilizando os paradigmas tradicionais da geografia (determinismo ambiental, possibilismo, método regional), em que o espaço alterado era resultado de decisões locacionais.

Dessa forma, o papel ideológico a ser cumprido pela nova geografia, segundo Corrêa (2007, p. 17), era:

> justificar a expansão capitalista; escamotear as transformações que afetaram os gêneros de vida e paisagens solidamente estabelecidas; dar esperanças aos deserdados da terra; acenar para um perspectivo de

desenvolvimento a curto e em médio prazo; encarar o subdesenvolvimento como uma etapa necessária que seria superada em pouco tempo.

6.2.5 A geografia crítica

A geografia crítica surgiu dentro do debate interno da geografia nas décadas de 1970 e 1980, quando os paradigmas tradicionais passaram a receber duras críticas e a abordagem voltou-se para caracterizar o capitalismo. As origens da geografia crítica não estavam pautadas apenas em contestar as ideologias da classe dominante, mas também visavam transformar a sociedade.

> A partir da segunda metade da década de 1960, verifica-se nos países de capitalismo avançado o agravamento de tensões sociais, originado por crise de desemprego, habitação, envolvendo ainda questões raciais. Simultaneamente, em vários países do Terceiro Mundo, surgem movimentos nacionalistas e de libertação. O que se pensava até então em termos de geografia, não satisfaz, isto é, não mascara mais a dramática realidade. Os modelos normativos e as teorias de desenvolvimento foram reduzidos ao que efetivamente são: "discursos ideológicos, no melhor dos casos empregados por pesquisadores ingênuos e bem intencionados". (Corrêa, 2007, p. 20)

Vale mencionar que houve um processo de reinterpretação, com base na teoria marxista de aspectos que já tinham sido abordados pela nova geografia.

> Assim, reexamina-se a questão da jornada de trabalho, da terra urbana, da habitação, dos transportes regionais e da localização industrial. A geografia crítica descobre o Estado e os demais agentes da organização espacial: os proprietários fundiários, os industriais, os incorporadores imobiliários etc. (Corrêa, 2007, p. 21)

Ensinar geografia na perspectiva crítica é um dos grandes desafios da educação diante de vários processos de crises e contradições existentes na luta de classes, que faz parte do histórico da sociedade.

6.3 Concepções educacionais, intenção política e vínculo teórico prático

Discutir as dimensões no processo de educação requer a olhar para a construção histórica das concepções educacionais. Assim, entendemos como elas foram sendo construídas, o que se mostra importante à medida que isso se reflete na forma e no conteúdo das respectivas teorias. Trata-se de um pensamento que se liga tanto à educação no contexto geral quanto à educação do campo, que representa um recorte desse todo. Nesse panorama, é importante ter em mente que a escola da classe trabalhadora está no campo e na cidade.

Entretanto, na história da educação, existem concepções e tendências que influenciam a prática pedagógica escolar. É o caso da **escola tradicional**, que foi embasada pela Igreja Católica, com os jesuítas até 1759, e, mais tarde, pelo liberalismo clássico, até meados de 1930. De acordo com Saviani (2000, p. 6), "a escola surge como um antídoto à ignorância, logo, um instrumento para equacionar o problema da marginalidade", ou seja, existe uma intencionalidade política de transformar marginais e súditos em cidadãos. O ensino surgiu, portanto, como uma necessidade das primeiras indústrias, direcionado para a capacitação da mão de obra, ou seja, profissionalizar de forma a atender às necessidades do mercado.

Após 1930, entra-se no período da **Escola Nova**. Essa concepção teve como base o Manifesto dos Pioneiros da Educação Nova, em 1932, que forjaria o lema escolanovista do "educar para a vida", cujo sentido consistia em adaptar a escola ao meio no qual o aluno estivesse inserido, combatendo frontalmente a escola meramente alfabetizadora (Mendonça, 2010). Foi nesse período que surgiu a figura do orientador educacional.

Para realizar a adaptação ao meio, a escola passou a ser pensada da seguinte forma:

> em lugar de classe confiadas a professores que dominavam as grandes áreas do conhecimento revelando-se capazes de colocar os alunos em contato com os grandes textos que eram tomados como modelos a serem imitados e progressivamente assimilados pelos alunos, a escola deveria agrupar os alunos segundo áreas de interesses decorrentes de sua atividade livre.

O professor agiria como um estimulador e orientador da aprendizagem cuja iniciativa principal caberia aos próprios alunos. Tal aprendizagem seria uma decorrência espontânea do ambiente estimulante e da relação viva que se estabeleceria entre os alunos e entre estes e o professor. Para tanto, cada professor teria de trabalhar com pequenos grupos de alunos, sem o que a relação interpessoal, essência da atividade educativa, ficaria dificultada; e num ambiente estimulante, portanto, dotado de materiais didático ricos, biblioteca de classe etc. (Saviani, 2000, p. 10)

O ensino pensado e elaborado pelos educadores da Escola Nova não apresentou uma mudança no sistema educacional. A classe trabalhadora ficou relegada a uma educação ainda alfabetizadora, e a elite qualificou suas escolas, atrelada às intenções política e econômica do Estado.

No **tecnicismo**, em meados de 1950, apareceu a figura do supervisor educacional. Essa tendência surgiu, de acordo com Saviani (2000, p. 12), "a partir do pressuposto da neutralidade científica e inspirada nos princípios de racionalidade, eficiência e produtividade, essa pedagogia advoga a reordenação do processo educativo de maneira a torná-lo objetivo e operacional". Resultaram desse sistema o parcelamento do trabalho pedagógico, a centralidade objetiva no produto, a mecanização dos processos, com uma posição secundária do professor e do estudante – por isso a necessidade de um supervisor educacional. Incorporou-se na educação o sistema fabril, fragmentando o ensino sem conseguir diminuir a marginalidade.

Essas tendências pedagógicas fizeram parte da história da construção da escola e são consideradas como teorias não críticas. Isso porque estavam pautadas em pressupostos teóricos que não tinham a intenção de uma educação crítica, apenas carregavam características enciclopédicas, verbalistas e autoritárias. Depois, a educação passou por concepções de teoria crítico reprodutivista, o que inclui: a) teoria do sistema de ensino como violência simbólica (1970); b) teoria de escola como aparelho ideológico de Estado (1969); c) teoria da escola dualista (1971). O recorte temporal de tais teorias foi o período da ditadura militar no Brasil, que perdurou de 1964 até 1985.

Entra-se, assim, em outro período, que reflete muito da concepção de escola crítica, na qual a geografia e a educação do campo se inserem: a **pedagogia progressista**, que incluía teorias críticas. Entre elas estavam:

» Tendência libertária: seus princípios básicos eram o antiautoritarismo e autogestão.

» Tendência libertadora: a primeira experiência no Brasil foi o Movimento Popular no Recife (1964), incluindo o projeto de educação de adultos, o círculo de cultura e o centro de cultura. Um teórico importante dessa tendência foi Paulo Freire, que teve seu método interpretado como uma ameaça pelo regime militar. Freire foi exilado, mas continuou desenvolvendo seus escritos.

» Histórico-crítica: teve seu marco teórico no ano de 1979, tendo nascido com uma prática pedagógica que propõe a interação entre conteúdo e realidade concreta, com o objetivo de transformação da sociedade. Carrega muito da tendência libertadora.

Além desses fatores, a escola também foi colocada como instrumento para identificar a contradição e os conflitos, enfim, a realidade concreta. Assim, a relação se viu transformada e foi agregado um compromisso social à escola. Ela não é mais vista como afastada da vida das pessoas nem como o lugar em que se busca o conteúdo sem enxergar para além, sem refletir. Torna-se um lugar da práxis.

Toda concepção de educação inclui uma forma e um conteúdo escolar, estando presente nas três teorias críticas citadas. Assim, destacaremos os elementos fundantes de todas as concepções, atribuindo suas características. Observe, na Figura 6.1, como a concepção/teoria articula os elementos fundantes e como eles estão relacionados entre si.

Figura 6.1 – Elementos fundantes da escola crítica

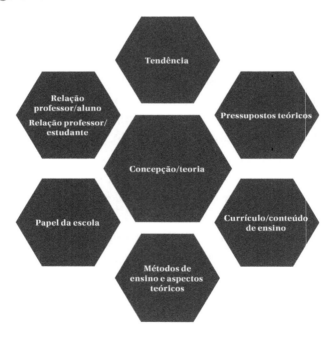

Embora sejam bastante distintas as concepções, na história da educação no Brasil, elas não acontecem de forma linear, ou seja, são simultâneas. Por exemplo, em plena ditadura, o Brasil vivenciou concepções libertadoras e teorias não críticas.

Quando olhamos para a educação no Brasil, percebemos que faz pouquíssimo tempo que o acesso à escola e à universidade se tornou mais amplo. A Universidade Federal do Paraná é a mais antiga do Brasil, tendo completado 105 anos em 2018. O campo brasileiro até a década de 1990 contava somente com as chamadas "escolinhas", que faziam formação até a 4ª série. Foi quando a educação do campo começou a ser forjada e teve início a luta pelo direito de acesso e pela permanência nas escolas localizadas no campo.

Sempre que tratamos de educação, logo percebemos que as estruturas pensadas para a escola do espaço urbano ou do campo estão intimamente ligadas às ações estatais que determinam o que, onde, em que tempo, quando e para quem elas devem ser elaboradas. Isso inclui a infraestrutura, o suporte pedagógico, a formação de professores e a logística demandada para que as ações tenham fluidez.

Dessa forma, a escola do campo recebe as orientações assumidas pelo Estado, seguindo o mesmo calendário, não considerando as diferenças que existem e mantendo o controle.

E a educação do campo? Há um olhar que foge da hegemonia? A educação está servindo a quem? Isso nos faz rever algumas questões, como, por exemplo, o que justifica o fato de essa escola não "mudar" ao longo dos séculos, afinal, a escola se mantém com a mesma organização. Não queremos, aqui, generalizar e dizer que não há resultado, pois, dessa maneira, estaríamos tornando igual todos os processos. O objetivo é destacar a estrutura e a concepção que o modo de produção capitalista usa para se firmar.

Não podemos, obviamente, pensar em uma política educacional que emancipe o sujeito, que organize a escola com tempos diferentes dos estabelecidos. Assim, nenhuma das mudanças ou políticas alteram a estrutura da escola, o que faz ela permanecer inalterada.

Essa forma é demanda pelo Estado capitalista, que mantém o controle (Raffestin, 1980) sobre a escola e a educação. Uma vez estabelecido, não lhe é importante perder o comando, assim,

> parte do Estado é o governo, ainda que não seja tudo. Parte do Estado é também o Parlamento, o regime legislativo cada vez mais depreciado em nossa sociedade. São forças Armadas, os tribunais, as prisões, o sistema de ensino e a formação cultural oficial, os orçamentos, a gestão e o uso dos recursos públicos. Estado é não apenas a legislação, mas também o acatamento da legislação. É a narrativa da história, silêncios e esquecimentos, símbolos, disciplinas, sentidos de pertencimento e de adesão. Constitui-se também de ações de obediência cotidiana, sanções, disciplinas e expectativas. (Linera, 2010, p. 25)

Para esse autor, sempre que precisamos escrever o Estado, podemos fazê-lo pelas instituições, uma vez que não há Estado sem instituições. Dessa forma, o Estado ganha forma material, mas é também todo um agrupamento de concepções, aprendizados, saberes, expectativas e conhecimentos. E é nas instituições que afloram a forma de pensar do Estado, da concepção por ele defendida (Linera, 2010).

Cabe, então, refletir sobre materialidade do Estado, afinal, ele existe e é conduzido por interesses. Quem representa o Estado? Quem faz o Estado? Podemos dizer que é uma relação complexa, porque ele não é abstrato, hegemoniza-se na figura dos indivíduos, está organizado para defender os interesses de um pequeno grupo detentor de riqueza e poder. Para que isso seja possível, criam-se leis, normas que organizam as políticas e as ações do Estado. Manter a população controlada é uma das tarefas do Estado, pois, ao manipular e controlar, oferece políticas que mantêm a "hegemonia".

Seguindo com o exercício de mostrar algumas leituras sobre o Estado para melhor compreender a relação entre as concepções da educação, intensão política e vínculo teórico-prático, precisamos entender que, por vezes o Estado se mostra inacessível. Afinal, quem representa o Estado? Marx (1985) entendia o Estado capitalista com mediador dos conflitos de classe, tendo a tarefa de manter a ordem que reproduz o domínio da burguesia. Para Engels (citado por Carnoy, 1986, p. 21), "o Estado tem sua origem na necessidade de controle das lutas sociais entre os diferentes interesses econômicos e que este controle é desempenhado pela classe de maior poder econômico na sociedade". Gramsci atribuiu ao Estado a função de promover um único conceito de realidade (o conceito burguês) e deu ao Estado a tarefa de perpetuação da estrutura de classe. Mas ele via a massa trabalhadora com capacidade de desenvolver por ela mesma a consciência de classe. E não seria a falta de compreensão da posição econômica que a classe trabalhadora ocupa na sociedade que evitaria perceber e entender sua posição na condição de classe (Carnoy, 1986).

Diante do modo de produção capitalista, a sociedade vem mantendo as classes e aumentando a distância entre elas. Reproduz continuamente, portanto, o conceito burguês, como afirma Gramsci, uma vez que o próprio Estado está incumbido de fazer essa reprodução e, para isso, tem meios próprios, ao lado de toda a configuração organizativa para reproduzir a cultura e a política.

A realidade desigual em que vivemos vem mostrando esse posicionamento bastante explícito do Estado. Estamos inseridos em uma sociedade que apresenta uma realidade marcada por diferenças entre todas as esferas – política, cultural, econômica ou educacional. Há um grupo política e economicamente forte que vem dirigindo esse Estado, em uma relação de poder evidente, produzindo um pequeno grupo de ricos e uma grande massa pobres.

Então, nesse Estado, que tipo de política é oferecida para a classe trabalhadora? Podemos ousar dizer que, por ser o Estado soberano e amparado por um forte aparato legal, ele se mostra inatingível? Nesse contexto está a escola, na qual o currículo, a intenção política e o vínculo teórico são organizados.

A perspectiva que orienta a educação do campo no Brasil está amparada na concepção histórico-crítica porque "defende a escola como socializadora dos conhecimentos e saberes universais" (Feiges, [s.d.]). Assim:

» a ação educativa pressupõe uma articulação entre o ato político e o ato pedagógico;
» há interação professor-aluno-conhecimento e contexto histórico-social;
» a interação social é o elemento de compreensão e intervenção na prática social mediada pelo conteúdo;
» pressupõe-se a práxis educativa pautada em uma prática fundamentada teoricamente, que busca a desconstrução da dicotomia campo/cidade.

Vale mencionar que este último assunto já foi abordado nos Capítulos 1 e 2.

6.4 A escola como espaço de diálogo e de contraponto

A escola é uma instituição criada e que tem uma função social. Mas qual é a função social da escola? Nem sempre ela foi um espaço para todos, afinal, o acesso ao conhecimento era para poucos, para quem tinha condições e tempo, para aquelas pessoas que não precisavam gastar seu tempo trabalhando. Antes disso, quando não havia instituições que se dedicam aos processos de educação, os conhecimentos eram passados dos pais para os filhos. Com a criação da escola, contudo, houve uma divisão, ou seja, a escola assumiu a responsabilidade de trabalhar aspectos do conhecimentos, e a família, outros ensinamentos. E isso se mantém.

A geografia, por ser uma ciência, também se preocupa com esse processo. O mesmo acontece com a educação de modo geral. Sabemos que a escola tem um papel e uma responsabilidade fundamental na formação dos sujeitos. Ao olhar para a história da própria escola, é possível perceber um movimento que a agita, sendo liderado por concepções que demarcam período e uma forma de pensar e fazê-la. Nisso incluímos a organização pedagógica, a forma de avaliação, as relações e o currículo, vistos anteriormente.

A escola precisa olhar para além do conteúdo, porque ela também é feita de relações que incluem os sujeitos, a comunidade, a forma, o conteúdo e a realidade na qual está inserida, tudo isso perpassando pela concepção de educação e pelas questões políticas, econômicas, sociais e culturais. Não podemos esquecer, ainda, que o Estado determina muito da organização da escola. Quando ela ganha uma amplitude, recebe também um formato, um currículo e, nessa organização, define-se o que, como e por quê frequentar a escola.

Discutir a escola como um espaço de diálogo e do contraponto entre o conhecimento sistematizado e o cotidiano popular conduz à reflexão sobre a construção da concepção de educação que perpassa essa história. A prática pedagógica deve ser embasada em uma concepção que construa, que auxilie a formação omnilateral. Como define Frigotto (2012, p. 267), "educação omnilateral significa, assim, a concepção de educação ou de formação humana que busca levar em conta todas as dimensões que constituem a especificidade do ser humano e as condições objetivas e subjetivas reais para seu pleno desenvolvimento histórico".

Para Farias (2014), as escolas têm uma importância fundamental nesse processo de repensar a educação, de vislumbrar uma nova forma de organização, de dar o valor e o significado que elas mesmas têm dentro da concepção de educação.

Torna-se necessário, assim, pensarmos em uma formação plena. A educação do campo busca contemplar uma educação emancipatória e percebe os sujeitos em sua complexidade. Por isso, afirmamos que a educação do campo está disputando territórios material e imaterial, encontrando-se no plano objetivo e no subjetivo (Frigotto, 2012).

Quando a tendência libertadora estava em plena discussão na ditadura militar, Freire, no ano de 1979, já esclarecia:

A consciência profissional docente implica a reflexão sobre a ação pedagógica. Entretanto, a ausência dessa consciência retira o professor do caminho de possibilidades de rompimento com as práticas homogeneizadoras de ensino. Dessa maneira, [...] retira do profissional o compromisso com sua ação pedagógica e faz dele, devido à ausência da consciência sobre o seu estar em um determinado contexto e sua capacidade de transformação e de mudança, "um ser imerso no mundo, no seu estar, adaptado a ele e sem ter dele consciência". (Freire, 1979, p. 7, citado por Silva; Muraro, 2014, p. 39)

Importante!

Um professor de geografia precisa estudar, ler, refletir, questionar, não se conformar com situações naturalizadas pela sociedade capitalista, pois a geografia tem uma importante função: a de mediar uma leitura crítica da sociedade.

6.5 Os saberes tradicionais e a construção da cartografia

Como estabelecer a relação dos saberes tradicionais e o conhecimento científico? Como a cartografia social pode auxiliar nessa relação? São questionamentos que pontuamos para refletir sobre o conhecimento geográfico e suas contribuições no diálogo com os saberes historicamente construídos pelas comunidades tradicionais do campo.

Preste atenção!

Entendemos por *saberes tradicionais* aqueles que são transmitidos de geração para geração, como as diversas formas de realizar o plantio, as benzeduras, os rituais de comemoração da colheita, entre outros.

As comunidades tradicionais, como os pescadores e os quilombolas, apresentam aspectos culturais que estão presentes em sua realidade e em seu fazer. Para trabalhar a relação dos saberes tradicionais com o conhecimento do currículo escolar, deve haver uma mediação que provoque e estabeleça um diálogo que transforme a realidade. Assim, vamos trabalhar conhecimentos que apontem alguns caminhos para compreender a realidade desses sujeitos.

6.5.1 Cartografia: avanços e importância para leitura e compreensão da realidade

A cartografia como uma ciência tem sua importância inquestionável na história quanto se trata de sua contribuição para o pensamento geográfico.

Para Archela (2000b, p. 2), "ao apresentar a participação da cartografia nos momentos históricos distintos, temos que nos reportar à geografia clássica, para discutir o possibilismo e o determinismo geográfico". O **possibilismo geográfico** teve origem na França com Paul Vidal de la Blache, que considerava o pensamento político dominante, em um momento em que a França tornou-se um grande império. Archela (2000b, p. 3) também destaca que o determinismo geográfico foi "desenvolvido pela escola alemã e formulado inicialmente por Frederic Ratzel, considerado o pensamento filosófico e político alemão, num momento em que se buscava a unidade política como único império".

Segundo a autora, é preciso considerar a nova geografia para apresentar a **geografia quantitativa**, que trouxe contribuições importantes para compreender a realidade, por meio de representações que facilitavam a leitura e compreensão. A geografia quantitativa esteve apoiada na utilização de modelos e sistemas em geografia da percepção e em geografia crítica, pautada no materialismo histórico dialético e na tentativa de apontar discussões teóricas recentes (Archela, 2000a).

Se os grandes descobrimentos deram origem a uma representação realista da Terra, básica para o surgimento da geografia, o acúmulo de informação sobre os diferentes pontos, decorrentes da incorporação de novas áreas, constituiu outra condição material relevante para a reflexão geográfica e cartográfica (Archela, 2000b).

A Europa, com significativos conhecimentos geográficos e cartográficos, tornou possível a expansão das relações capitalistas em outros continentes. Logicamente, também reproduziu a cultura eurocêntrica nos territórios que invadiu. Segundo Harley (1991), em 1987, no primeiro volume de *Uma nova história da cartografia*, há uma intensa contestação da perspectiva eurocêntrica do tema, desconsiderando as sociedades orientais.

O achamento da América Latina é um grande exemplo, pois, ao chegar no "novo" território, houve a imposição de seus costumes e de suas crenças. A "necessidade" de expansão dos países da Europa, mais precisamente Portugal e Espanha, fez com que eles seguissem à frente na corrida para conquistar novos territórios, buscando riquezas. Partiram de um conhecimento cartográfico que permitiu a busca por outros territórios.

Logo, quem detinha os conhecimentos geográficos e cartográficos estava na dianteira na corrida por novos territórios, considerando que o conhecimento também é poder, como afirma Raffestin (1980). Assim, as relações de poder que se estabeleceram sobre os "novos territórios" (não consideraram os povos que habitavam o continente) modificaram a relação com a natureza e com os seres humanos.

Um novo território era a possibilidade de mais riqueza e dominação para os países europeus, ainda mais encontrando inúmeras riquezas que não tinham o mesmo valor material para os habitantes originários como para o continente europeu, que mantinha o modo de produção capitalista. Dessa maneira, a cartografia veio se firmando como uma ferramenta para a leitura política, econômica e do espaço, que auxiliam uma visão mais abrangente da sociedade. Segundo Taylor (2010), os mapas nunca conseguem representar a totalidade, eles concentram a ação em determinados espaços, objetos e temas, de forma que carregam o princípio da seletividade. Para Taylor (2010, p. 13):

> Os mapas têm sempre respondido à pergunta "onde", mas na era da informação eles precisam também responder a uma variedade de outras questões como "porque", "por quem" e "para que finalidade", e precisam transmitir para o usuário a compreensão de uma variedade mais ampla de temas do que era necessário anteriormente. [...] o conceito de um mapa permite a relação entre uma ampla variedade de dados qualitativos e quantitativos para serem organizados, analisados, apresentados, comunicados e utilizados de uma forma que nenhum outro produto pode competir.

Os mapas, na maioria das vezes, são instrumentos de poder, como mostra Girardi (2008), ao citar Lacoste a respeito da relação existente entre mapa, poder e estratégia na produção do espaço geográfico de território. Dessa forma, partindo da convicção de que cada sociedade tem ou teve sua própria forma de perceber e de produzir imagens espaciais, chegamos a essa simples definição de mapa: 'representação gráfica que facilita a compreensão espacial de objetos, conceitos, condições, processos e fatos do mundo humano' [...] A história da cartografia começa, assim, a tomar um novo rumo, no qual cada cultura exprime sua particularidade. Isso traz duas grandes vantagens. A primeira, o entendimento progressivo de que a cartografia não somente é muito mais antiga que se pensava, mas também, apesar das numerosas lacunas documentais, uma linguagem visual, muito mais universal do que antes se acreditava. (Harley, 1991, p. 7)

Portanto, os mapas são construções sociais carregadas de relações de poder, são territórios, e não apenas simples representações. Ao representar uma realidade no mapa, fica evidenciada uma intencionalidade de mostrar determinada situação social. Trata-se, assim, de uma maneira de apresentar a realidade, indo muito além da representação geográfica, forma pela qual os mapas vêm carregados de significados e de finalidades que precisam ser compreendidos.

Os "mapas são ativos", eles constroem ativamente o conhecimento, exercem poder e podem ser poderosos meios para "promover a transformação social" (Crampton; Krygier, 2008, p. 89).

Taylor (1991) afirma que o reflexo mais moderno da teoria da modelização está na introdução da tecnologia de sistemas de informações geográficas, com o uso de métodos matemáticos e da estatística. Dessa maneira, um grande avanço para a construção dos mapas foi o uso da tecnologia.

A semiologia também contribuiu para o desenvolvimento teórico da cartografia. Bertin (1967) sistematizou a linguagem gráfica como sistemas de símbolos gráficos com significados e significante, considerando as relações entre os dados a serem apresentados. Archela (2000b) diz que "a teoria cognitiva como método cartográfico envolve operações mentais lógicas como a comparação, análise, síntese, abstração, generalização e modelização gráfica", e que, nessa perspectiva, houve uma expansão da utilização dos mapas, principalmente com o avanço da informatização.

Nesse mesmo sentido, Harley (1989) ressalta que "nunca devemos subestimar o poder dos mapas para a imaginação, pensamento e consciência dos leitores".

Consideramos muito importante os avanços na cartografia, principalmente nas situações em que as representações fazem parte da interpretação, leitura, compreensão e análise da realidade, mas Archela e Théry (2008) ressaltam que os mapas podem ser pouco eficazes na função de comunicação, dependendo da falta de tecnologia ou da condição de quem os acessa.

A **cartografia social** tem se tornado um importante instrumento junto às comunidades tradicionais – quilombolas, indígenas, ribeirinhas ou aquelas que vivem em áreas de preservação, regiões de conflitos e disputas. Em razão de essas comunidades, em sua grande maioria, estarem em áreas de interesse socioambiental, econômico e cultural, estas caracterizam-se como territórios de conflito. Nesse contexto, a cartografia social é considerada um ramo da ciência que trabalha de forma crítica e participativa.

É importante salientar que o fato de essas comunidades viverem em áreas preservadas ou de valor socioambiental não representa um privilégio. Trata-se de territórios delimitados com o intuito de conservar algum tipo de patrimônio – natural, histórico, geológico ou cultural. Podemos citar o exemplo da comunidade quilombola João Surá, localizada aproximadamente a 50 km da cidade de Adrianópolis, no Paraná. Essa comunidade passou pelo processo do reconhecimento, tendo uma história de 211 anos. É formada por negros e negras que fugiram da escravização da mineração (extração do ouro) no Estado de São Paulo e se organizaram na beira do rio Ribeira. Até hoje, a comunidade tem sua área preservada. Como é uma região de mata, o Estado criou um parque de preservação ambiental, chamado *Parque das Lauráceas*. Mas essa história apresenta uma curiosidade: atualmente, a comunidade convive com muitas proibições, o que acontece pelo fato de que, de um lado, há o Parque e, do outro, a plantação de pinus, que avança sobre a área. Esse movimento faz com que a comunidade perca território.

Importante!

A cartografia social tem o intuito de revelar as comunidades, ela é construída com a participação da comunidade. Além disso, mostra o que um mapa convencional não revela. Por isso, ela vem ganhando força no trabalho com as comunidades.

Diante disso, é possível questionar: Quais são os elementos fundamentais que a cartografia social considera para a produção dos mapas? De acordo com os professores Adryane Gorayeb e Jeovah Meireles (2014), do Laboratório de Geoprocessamento da Universidade Federal do Ceará, podemos citar os seguintes:

» participação da população;
» métodos participativos de transferência de tecnologia e de conhecimento científico;

» abordagem de conteúdos relacionados à ciência cartográfica (elementos básicos);

» aprendizagem no que diz respeito ao manuseio de localização (GPS);

» diagnóstico da comunidade (mapa presente);

» definições de fronteiras e limites;

» localização de elementos sociais e naturais considerados identitários da comunidade;

» reflexões acerca do desejo da comunidade com relação ao seu território: mapas do futuro, planejamento ideal, situações–problema levantadas durante a elaboração do mapa diagnóstico.

6.6 Ensino da geografia e pesquisa

Diante da atual realidade, considerando os diversos fatores que compõem a complexidade de se ensinar geografia e aliando-os ao processo de pesquisa, constata-se um dos grandes desafios do ensino da ciência geográfica, nos diversos níveis do ensino básico e da universidade. A estrutura básica da educação, envolvendo a relação entre alunos e professores, inseridos em um espaço, dificulta esse processo.

Nos últimos tempos, com o advento das revoluções industriais, houve mudanças importantes alterando o processo de ensino e pesquisa no âmbito da geografia. Como fundamenta Gadotti (2000, p. 5),

> as consequências da evolução das novas tecnologias, centradas na comunicação de massa, na difusão do

conhecimento, ainda não se fizeram sentir plenamente no ensino – como previra McLuhan já em 1969 –, pelo menos na maioria das nações, mas a aprendizagem a distância, sobretudo a baseada na Internet, parece ser a grande novidade educacional neste início de novo milênio. A educação opera com a linguagem escrita e a nossa cultura atual dominante vive impregnada por uma nova linguagem, a da televisão e a da informática, particularmente a linguagem da Internet.

É importante ressaltar que a Terceira Revolução Industrial, além das alterações tecnológicas desencadeadas, também impulsionou o processo de ensino e pesquisa na geografia. Isso causou alguns gargalos quando se leva em consideração fatores diferenciais envolvendo alunos, professores e infraestrutura física dos estabelecimentos educacionais. Portanto, diferentes gerações são envolvidas no dia a dia, causando alguns conflitos no que diz respeito ao uso de meios tecnológicos e de atitudes pessoais típicas de cada geração.

Nesse contexto, o ensino de geografia precisa estar inserido no processo considerando sua reinvenção, a fim de para que o objeto de estudo da geografia seja um instrumento de reflexão e transformação da realidade. Com a inserção da base tecnológica nas pesquisas acadêmicas, é possível criar mecanismos adequados para inserir a pesquisa nos diversos níveis educacionais.

Importante!

A geografia crítica parte do princípio de que nenhuma pesquisa é neutra ou imparcial, muito pelo contrário, ao decidirmos qual tema será pesquisado, tomamos uma posição política. Essa pesquisa já compõe as inquietações que nos formam e que nos levam a questionar determinada realidade e engajar-nos para transformá-la.

Freire (1987) destaca a importância da pesquisa dialética, de perceber as relações e as contradições presentes em uma pesquisa que questiona e que descobre.

> Não há ensino sem pesquisa e nem pesquisa sem ensino. Esses que-fazeres se encontram um no corpo do outro. Enquanto ensino continuo buscando, procurando. Ensino porque busco, porque indaguei, porque indago e me indago. Pesquiso para constatar, constatando, intervenho, intervindo educo e me educo. Pesquiso para conhecer o que ainda não conheço e comunicar ou anunciar a novidade. (Freire, 1987, p. 32)

Para o autor, pesquisa é uma atividade intencional e metódica de investigação da realidade, com vistas à construção do conhecimento (Freire, 1987). É preciso, portanto, formar geógrafos com atitudes de pesquisador. Como afirma Marx (1985), é essencial "aprender não apenas a aparência, mas a essência". É preciso ultrapassar o óbvio, buscar as relações, que podem partir da construção de um mapa para alcançar o entendimento das relações que nele estão ocultas.

O caminho metodológico é importante e envolve interpretar, interagir com as questões, questionar, ter curiosidade, buscar novos dados, duvidar do dado que temos em mãos, enxergar o que está óbvio, mas também o que se esconde. Nesse sentido, é preciso não apenas da lógica, mas também da abstração.

Para partir do concreto para a abstração em uma pesquisa investigativa, Marx (1985) indica três categorias: a totalidade, a contradição e a mediação.

Preste atenção!

A **contradição** de um fenômeno social é percebida no relacionamento da parte com o todo. O reconhecimento da **totalidade** depende de um pensamento que identifica gradualmente as contradições concretas e as mediações específicas. A totalidade não é apenas o todo, mas também a relação entre as partes que integram um todo. Assim, a dialeticidade entre as partes e o todo permite a compreensão crítica da realidade objetiva, para que se possa agir sobre ela, transformá-la. Já a **mediação** é o processo de tornar-se sujeito na realidade, ou ainda, uma reflexão a respeito de sua ação sobre a natureza, ou seja, sobre o mundo real.

Fazer uso dessas categorias permite alcançar uma pesquisa coerente, como afirma Fernandes (2005). O desenvolvimento da pesquisa exige encaminhamentos metodológicos que terão a orientação da concepção de pesquisa em que nos inserimos. O levantamento de dados, a análise, as interpretações que fazemos podem construir uma visão de mundo baseada no projeto de sociedade em que acreditamos.

Síntese

Neste capítulo, abordamos os elementos fundamentais para o ensino da geografia. Iniciamos com a relação entre campo e cidade, um processo bem importante para o desenvolvimento da ciência geográfica. A interação entre esses setores implica refletir sobre o processo de alteração da divisão social do trabalho, principalmente na condição de processo inerente do desenvolvimento capitalista. Partindo do ponto de vista dessa relação entre cidade e campo, exploramos o ensino da geografia, seu currículo e suas intenções políticas, o papel da escola como espaço de diálogo e a relevância da cartografia e da pesquisa no trabalho do geógrafo.

Campo e cidade não podem ser vistos como dicotômicos, existem alguns elementos que alteraram essa relação nas últimas décadas. O desenvolvimento tecnológico transformou as relações, conforme discorremos no diálogo com o geógrafo Milton Santos.

Nesse contexto, destacamos também o processo industrial, as décadas de problemas sociais, o processo modernizante da agricultura, os quais, ao mesmo tempo, alteram e transformam o território. Essa perspectiva define, mais uma vez, projetos de campo diferentes.

Ainda, tratamos do ensino da geografia. Ensinar geografia na perspectiva científica envolve uma série de complexidades. Pereira (2010) afirma existir uma grande diferença entre a geografia como ciência e a geografia que se ensina. Como ciência, o termo se vê inserido na história da humanidade, sofrendo alterações ao longo do processo. Santos (1978), por sua vez, indica que a ideologia geográfica sofreu alterações de acordo com o desenvolvimento do capitalismo.

Quando analisamos currículo, a intenção política, a prática docente e o vínculo teórico prático, ressaltamos que a geografia circulou pelas diferentes concepções de educação. Passou pelo determinismo ambiental até chegar na geografia crítica, que tem Milton Santos como referência. Todas as concepções influenciaram o ensino da geografia no Brasil, pois apresentam determinada organização do ensino na relação professor/estudante, com o currículo, entre outros, perpassado pela ação do Estado. Por fim, apresentamos a escola como o espaço de diálogo e de contraponto, preocupando-se com uma compreensão mais abrangente do conhecimento e da cartografia.

Atividades de autoavaliação

1. A relação entre campo e cidade no Brasil, principalmente a partir de meados do século XX, sofreu significativas alterações mediante a forte modificação da divisão social interna que o país viveu. Sobre o tema, analise as afirmativas a seguir e indique V para as verdadeiras e F para as falsas.

( ) Em razão do processo de mecanização agrícola, que transferiu o excedente populacional rural para a cidade, as pessoas passaram a participar da chamada *divisão do trabalho*. Nesse contexto, a maquinaria e os métodos particulares de extração de mais valia funcionaram como um sistema integrado. Assim, passou-se a produzir os bens tecnológicos para o aumento da produção agrícola (necessário para a indústria processadora), além de haver disponibilidade de oferta de mão de obra barata para extração da mais valia.

( ) Nos países de economia avançada, o agricultor já deixou há bastante tempo de ser um simples produtor, passando a combinar atividades não agrícolas dentro e fora do estabelecimento, ou seja, tornou-se um agricultor pluriativo. Alguns autores apontam essa tendência como "o caminho da proletarização camponesa", porém, lembram que, no interior das propriedades camponesas do passado, havia atividades não agrícolas que faziam parte da rotina diária, como a produção de tecidos, de doces, as construções fora da própria atividade, ou seja, ocupações não especializadas.

( ) A justificativa dessa nova estruturação da mão de obra agrícola não tem ligação direta com a chamada *nova organização dos modelos de produção flexível*, que surgiu no pós-Segunda Guerra Mundial. Isso porque a estratégia de diminuição do custo de produção, dada a crise de acumulação do modelo anterior (fordismo), tem outros fatores, que ultrapassam os avanços técnicos nas áreas de meios de transportes e comunicação, abrangendo também o meio rural.

( ) Com o avanço das técnicas, o rural deixou de ser visto como local atrasado em relação à estrutura da cidade. O campo não pode mais ser considerado como local de produção, pois é também circulação do capital financeiro e consumo, a exemplo das áreas investidas para lazer (turismo, residência, preservação ambiental).

2. Analise as afirmativas a seguir e assinale a alternativa correta:

   a) Quando estudamos um bairro, uma escola, uma cidade, estamos atingindo o todo, no sentido de totalidade, pelo qual as temporalidades são idênticas.

   b) O processo de modernização ocorre de forma homogênea em razão da divisão social do trabalho e não interfere na realidade da escola.

   c) A pedagogia histórico-crítica propõe a interação entre conteúdo e realidade concreta, com o objetivo de transformação da sociedade e emancipação dos sujeitos.

   d) A cartografia social é um ramo da ciência que trabalha de forma acrítica com o espaço de socialização das cidades.

3. Sobre as teorias progressistas, assinale a alternativa correta:

a) São tendências pedagógicas que fizeram parte da história da construção da escola e são consideradas teorias não críticas.

b) Tinham a intencionalidade de naturalizar, por meio da educação, a situação econômica, política e social.

c) Incluíam na concepção educacional o tecnicismo como a centralidade das ações na escola.

d) Refletem uma relação transformada da educação, na qual foi agregado um compromisso social à escola.

4. Discutir a escola como um espaço de diálogo e do contraponto entre conhecimento sistematizado e cotidiano popular conduz a refletir sobre a construção da concepção de educação. Referimo-nos, assim, a uma prática pedagógica embasada em uma concepção que construa, que auxilie a formação omnilateral. A escola não pode negar o conteúdo, mas precisa olhar para além dele. Sobre esse assunto, assinale a alternativa correta:

a) A escola deve se preocupar com o conteúdo, mas não necessariamente que este esteja conectado com a vida.

b) A escola é feita de relações que incluem os sujeitos, a comunidade, as forma, o conteúdo, a realidade na qual está inserida, e tudo isso perpassa pela concepção de educação e pelas questões políticas, econômicas, sociais e culturais.

c) A comunidade não tem função na escola, pois esta deve assumir seu papel social: ensinar os conteúdos.

d) As escolas não interferem no processo de repensar a educação e de vislumbrar uma nova forma de organização.

5. A cartografia tem importância inquestionável na construção do pensamento geográfico. O uso dela nos processos escolares, também chamada de *cartografia escolar*, está ganhando espaço por ser uma importante aliada na compreensão dos territórios. Diante disso, assinale a alternativa correta:

a) A cartografia pode ser usada como ferramenta para a leitura política, econômica e do espaço, auxiliando na visão mais abrangente da sociedade.

b) A cartografia necessita de um conjunto de conhecimentos de todos os envolvidos, caso contrário, seu uso não é aconselhável.

c) Os conhecimentos geográficos são de uso exclusivo da geografia.

d) Mapas são instrumentos de poder. Na história, os descobrimentos de novos territórios ignoraram conhecimentos cartográficos em suas empreitadas.

Atividades de aprendizagem

Questões para reflexão

1. Faça a leitura do seguinte livro:
   GADOTTI, M. **Perspectivas atuais da educação**. Porto Alegre: Artes Médicas, 2000.
   Com base na leitura, aponte quais as perspectivas atuais do ensino de geografia. Compartilhe com seus pares.

2. Faça a leitura do seguinte livro:
   ARCHELA, R. S. **Cartografia no pensamento geográfico**. Londrina: UEL, 2000b.
   Com base na leitura, indique como é possível utilizar a cartografia como um elemento de aprendizado na escola do campo. Compartilhe com seus pares.

Atividade aplicada: prática

1. Para aprofundar seu estudo, leia o artigo de Rosely Sampaio Archela e Hervé Théry sobre a construção e a leitura de mapas temáticos. Elabore um fichamento sobre o texto.

   ARCHELA, R. S.; THÉRY, H. Orientação metodológica para construção e leitura de mapas temáticos. **Confins**, n. 3, 2008. Disponível em: <https://journals.openedition.org/confins/3483>. Acesso em: 21 fev. 2019.

Considerações finais

Ao final da leitura deste livro, imaginamos que cada um de vocês já elaborou muitas conclusões. Falamos aqui em "considerações finais", mas sabemos que elas nunca as são, afinal, a história é constituída por sujeitos e, portanto, o movimento constante é inerente. Nessa lógica, apresentaremos, aqui, algumas considerações provisórias, históricas e datadas, que, certamente, seriam reescritas ao relermos este mesmo livro.

Partimos da ideia de que a educação do campo e no campo é uma conquista, fruto de um processo de lutas em oposição ao que representava a chamada *educação rural*. É possível perceber que esse processo de transição simboliza não apenas o caráter metodológico, mas também uma mudança de projeto de cidadão e de sociedade. Suas construções revelaram a grande carga de conceitos e de interesses políticos e econômicos ali presentes.

O processo de construção de nossa educação de modo geral, e aqui, especificamente, da educação rural, sofreu forte influência norte-americana, direta e indireta. A Unesco, por meio de acordos, financiamentos e orientações, direcionou seus fazeres por um longo tempo. Nesse processo, as populações do campo ficaram invisíveis como sujeitos e construtores de sua formação. A situação só começou a ter algumas alterações no pós-Segunda Guerra, quando surgiram iniciativas de resistência que questionavam a posse e a utilização das terras. Assim, as condições do trabalhador rural e o modelo de educação adotado passaram a ser questionados. Foi o momento em que a proposta de educação popular e dos movimentos associados a ela ganharam destaque.

Depois disso, o processo de avanço experimentado pelos movimentos sociais e da educação popular vivido nos anos de 1960 foram interrompidos pela ditadura militar, com o golpe de 1964, que durou até o ano de 1984. Novamente, voltou a forte influência norte-americana, com inúmeros programas que interferiram no meio rural, sugerindo propostas fortemente autoritárias e assistencialistas.

Com o enfraquecimento da ditadura militar, os movimentos sociais voltaram a se articular. Em 1984, foi fundado oficialmente o Movimento Sem Terra (MST). Nesse mesmo período, intensificou-se o questionamento sobre a educação e, também, a luta pela reforma agrária. Essas lutas acabaram influenciando a nova Constituição (1988) e a nova Lei de Diretrizes e Bases da Educação – (Lei n. 9.394/1996).

Com o fortalecimento dos movimentos sociais e a instituição das novas políticas públicas, a ideia de educação do campo foi ganhando contornos cada vez mais fortes em oposição à educação rural.

Por meio de várias articulações entre movimentos sociais, como o MST, em parceria com instituições como as Universidades, a Unesco, a Unicef e o Poder Executivo, a partir da década de 1990 até os dias atuais, a educação do campo tem conseguido se instituir como uma proposta de educação para os sujeitos do campo. Esse avanço é concretizado por meio de políticas públicas de âmbito nacional a local, bem como com projetos político-pedagógicos escolares que demarcam essa nova concepção educacional.

Outro tema de destaque é a relação entre educação popular e cultura popular. Concretizada no Brasil ao final dos anos de 1950 e início de 1960, teve, na obra de Paulo Freire, sua representação maior, marcada pela experiência de alfabetização de adultos, realizada em Angicos, Rio Grande do Norte. O processo de educação popular desenvolvido por meio da cultura popular adotou como pressuposto algo maior do que a complexa tarefa de erradicar o analfabetismo. O desafio proposto por Paulo Freire era o de erradicar a inexperiência democrática, por meio de uma educação libertadora.

Ao discutirmos sobre a educação popular e a cultura popular, percebemos que estas são elementos fundamentais no processo de construção de conhecimentos. Têm como ponto de partida a realidade concreta dos sujeitos da escola do campo, suas culturas e seus processos de conhecer. Quando há diálogo com os conhecimentos sistematizados historicamente, o educador consegue promover, junto ao educando, a superação da relação de opressor e oprimidos, desenvolvendo uma nova ação cultural para a liberdade.

O papel do educador do campo e da educação comunitária na construção do processo de mudança funda-se na assunção de seu papel político de oprimido em uma sociedade de classes. Exige, portanto, posicionamento explícito, revelando-se a favor ou contra quem se posiciona. O educador precisa, no exercício de sua prática docente, revelar e sustentar com suas atitudes aquilo que anuncia e denuncia.

A educação do campo no diálogo com a produção de conhecimentos geográficos aponta para a superação da geografia tradicional, considerada "bancária" na compreensão freireana, para uma geografia que, com seus conceitos, subsidie a educação do campo. Isso envolveria identificar seus processos de territorialização e desterritorialização no trabalho com a questão agrária, na representação dos territórios, na construção da cartografia, nos estudos sobre as populações, entre outras aproximações.

Na discussão da relação estabelecida entre campo e cidade, fica implícito o processo de divisão social do trabalho, inerente ao processo de desenvolvimento capitalista. Isso vai dando contornos de afastamento entre a cultura do sujeito do campo e a cultura capitalista.

Fica evidente que a aproximação da educação do campo ocorre por meio da geografia crítica, a partir de seu processo de reinterpretação com base na teoria marxista. Essa teoria, inclusive, trouxe como avanço a questão da organização espacial, oriunda da nova geografia. Portanto, o desafio para os educadores e educadoras do campo é construir, junto aos educandos e educandas, uma educação do campo com aporte na geografia crítica.

Por fim, os educadores do campo, ao assumirem o desafio de trabalhar a educação do campo tendo como aporte a geografia crítica, colocam-se diante de mais um desafio: o de trabalhar o ensino da geografia por meio da pesquisa. Assim, o processo de ensinamento precisa estar inserido em um contexto que considere o objeto de estudo da geografia um instrumento de reflexão e transformação da realidade. Além disso, é preciso considerar a pesquisa como uma perspectiva de transformação e emancipação, entendendo que isso requer posição política para elucidar as relações e contradições que fazem parte da realidade.

Referências

A MISSÃO Cooke no Brasil: relatório dirigido ao presidente dos Estados Unidos pela Missão Técnica Americana enviada ao Brasil. 1942. Disponível em: <http://memoria.org.br/pub/meb000000177/missocookenobras1949cook/missocookenobras1949cook.pdf>. Acesso em: 21 fev. 2019.

AB'SÁBER, A. N. **Os domínios de natureza no Brasil**: potencialidades paisagísticas. São Paulo: Ateliê, 2003.

ABE – Associação Brasileira de Educação. CONGRESSO BRASILEIRO DE EDUCAÇÃO, 8., Goiânia, jun. 1942. **Anais**... Rio de Janeiro: IBGE, 1944. Disponível em: https://biblioteca.ibge.gov.br/biblioteca-home?id=283807&view=detalhes>. Acesso em: 21 fev. 2019.

ALMEIDA JUNIOR. Os objetivos da escola primária rural. **Revista Brasileira de Estudos Pedagógicos**, Rio de Janeiro, v. 1, n. 1, p. 29-35, jul. 1944.

ARCHELA, R. S. **Análise da cartografia brasileira**: bibliografia da cartografia na geografia no período de 1935-1997. Tese (Doutorado em Geografia Física) – Universidade de São Paulo, São Paulo, 2000a.

_____. **Cartografia no pensamento geográfico**. Londrina: UEL, 2000b.

ARCHELA, R. S.; THÉRY, H. Orientação metodológica para construção e leitura de mapas temáticos. **Confins**, n. 3, 2008. Disponível em: <https://journals.openedition.org/confins/3483>. Acesso em: 21 fev. 2019.

ARROYO, M. G. Pedagogia do oprimido. In: CALDART, R. S. et al. (Org.). **Dicionário da educação do campo**. Rio de Janeiro: Escola Politécnica de Saúde Joaquim Venâncio; São Paulo: Expressão Popular, p. 553-561, 2012.

ARROYO, M. G.; CALDART, R. S.; MOLINA, M. C. **Por uma educação do campo**. Petrópolis: Vozes, 2004.

ARROYO, M. G.; FERNANDES, B. M. **A educação básica e o movimento social do campo**. Brasília: Articulação Nacional Por uma Educação Básica do Campo, 1999. v. 2. (Coleção por uma Educação Básica do Campo).

BANDEIRA, L. A. M. A importância geopolítica da América do Sul na estratégia dos Estados Unidos. **Revista da Escola Superior de Guerra**, Rio de Janeiro, v. 24, n. 50, jul./dez. 2008.

BARBOSA, R. **Vã confiança**: a doutrina de Monroe – sua origem. Ministério da Cultura. Fundação Biblioteca Nacional. Departamento Nacional do Livro, 1899. (Obras Seletas, v. 8). Disponível em: <http://objdigital.bn.br/Acervo_Digital/livros_eletronicos/obras_seletas_vol8.pdf>. Acesso em: 21 fev. 2019.

BEISIEGEL, C. de R. **Política e educação popular**: a teoria e a prática de Paulo Freire no Brasil. Brasília: Liber Livro, 2008.

BERTIN, J. **Sémiologie Graphique**: les diagrammes, les réseaux, les cartes. Paris/La Haye: Monton & Gauthier-Villars, 1967.

BONETI, L. W. **Políticas públicas por dentro**. 3 ed. Ijuí: Ed. Unijuí, 2011.

BRANDÃO, C. R. Cultura popular. In: STRECK, D. R.; REDIN, E.; ZITKOSKI, J. (Org.). **Dicionário Paulo Freire**. 3. ed. Belo Horizonte: Autêntica, 2016. p. 103-107.

_____. **Educação pública, educação alternativa, educação popular e educação do campo**: algumas lembranças e divagações. Campinas, 2014. [não publicado.]

_____. **Lutar com a palavra**: escritos sobre o trabalho do educador. Rio de Janeiro: Graal, 1982a.

_____. **O educador**: vida e morte. Rio de Janeiro: Graal, 1982b.

_____. **O que é educação popular**. São Paulo: Brasiliense, 2012.

BRASIL. Constituição (1988). **Diário Oficial da União**, Brasília, DF, 5 out. 1988. Disponível em: <http://www.planalto.gov.br/ccivil_03/Constituicao/Constituicao.htm>. Acesso em: 21 fev. 2019.

BRASIL. Decreto n. 7.247, de 19 de abril de 1879. **Coleção de Leis do Império do Brasil**, Rio de Janeiro, 1879, p. 196. Disponível em: <http://www2.camara.leg. br/legin/fed/decret/1824-1899/ decreto-7247-19-abril-1879-547 933-publicacaooriginal-62862- pe.html>. Acesso em: 21 fev. 2019.

BRASIL. Decreto n. 3.029, de 9 de janeiro de 1881. **Coleção de Leis do Império do Brasil**, Rio de Janeiro, 1881, p. 1. Disponível em: <http://www2.camara.leg. br/legin/fed/decret/1824-1899/ decreto-3029-9-janeiro-1881- 546079-norma-pl.html>. Acesso em: 21 fev. 2019.

_____. Decreto n. 6.040, de 7 de fevereiro de 2007. **Diário Oficial da União**, Poder Executivo, Brasília, DF, 8 fev. 2007. Disponível em: <http://www.planalto.gov.br/ ccivil_03/_Ato2007-2010/2007/ Decreto/D6040.htm>. Acesso em: 21 fev. 2019.

_____. Decreto n. 7.352, de 4 de novembro de 2010. **Diário Oficial da União**, Poder Executivo, Brasília, DF, 5 nov. 2010. Disponível em: <http://www. planalto.gov.br/ccivil_03/_ ato2007-2010/2010/decreto/ d7352.htm>. Acesso em: 21 fev. 2019.

_____. Lei n. 4.024, de 20 de dezembro de 1961. **Diário Oficial da União**, Poder Legislativo, Brasília, DF, 27 dez. 1961. Disponível em: <http://www. planalto.gov.br/CCIVIL_03/leis/ L4024.htm>. Acesso em: 21 fev. 2019.

_____. Lei n. 4.504, de 30 de novembro de 1964. **Diário Oficial da União**, Poder Legislativo, Brasília, DF, 31 nov. 1964. Disponível em: <http://www. planalto.gov.br/ccivil_03/Leis/ L4504.htm>. Acesso em: 21 fev. 2019.

_____. Lei n. 5.540, de 28 de novembro de 1968. **Diário Oficial da União**, Poder Legislativo, Brasília, DF, 23 nov. 1968. Disponível em: <http://www. planalto.gov.br/ccivil_03/leis/ L5540compilada.htm>. Acesso em: 21 fev. 2019.

BRASIL. Lei n. 5.692, de 11 de agosto de 1971. **Diário Oficial da União**, Poder Legislativo, Brasília, DF, 12 ago. 1971. Disponível em: <http://www.planalto.gov.br/ccivil_03/leis/L5692.htm>. Acesso em: 21 fev. 2019.

_____. Lei n. 9.394, de 20 de dezembro de 1996. **Diário Oficial da União**, Poder Legislativo, Brasília, DF, 23 dez. 1996. Disponível em: <http://www.planalto.gov.br/ccivil_03/LEIS/l9394.htm>. Acesso em: 21 fev. 2019.

BRASIL. Ministério da Educação. CONFERÊNCIA NACIONAL POR UMA EDUCAÇÃO DO CAMPO, 2., Luziânia, GO, 2004a. **Anais...** Disponível em: <http://www.dominiopublico.gov.br/pesquisa/DetalheObraForm.do?select_action=&co_obra=103287>. Acesso em: 21 fev. 2019.

_____. **Avaliação da educação básica no nordeste brasileiro**. Convênio Secretaria de Ensino de 1º e 2º graus/MEC/Universidade Federal do Ceará/Fundação Cearense de Pesquisa e Cultura. Relatório Técnico n. 1, 1982a.

_____. **Banco Mundial**. Disponível em: <http://portal.mec.gov.br/index.php?option=com_content&view=article&id=20758&Itemid=1319>. Acesso em: 21 fev. 2019a.

_____. **Programa de apoio à formação superior e licenciaturas interculturais indígenas**. Disponível em: <http://portal.mec.gov.br/pnla/194-secretarias-112877938/secad-educacao-continuada-2233 69541/17445-programa-de-apoio-a-formacao-superior-e-licenciaturas-interculturais-indigenas-prolind-novo>. Acesso em: 21 fev. 2019b.

_____. **Referências para uma política nacional de educação do campo**. Brasília, DF, fev. 2004b. (Cadernos de Subsídios). Disponível em: <red-ler.org/referencias-educacao-campo.pdf>. Acesso em: 21 fev. 2019.

BRASIL. Ministério da Educação. Conselho Nacional de Educação. Parecer n. 36, de 12 de março de 2002. **Diário Oficial da União**, Brasília, DF, 13 mar. 2002a. Disponível em: <http://portal.mec.gov.br/index.

php?option=com_docman &view=download&alias=119 89-pceb036-01-pdf&category_ slug=novembro-2012-pdf& Itemid=30192>. Acesso em: 21 fev. 2019.

BRASIL. Ministério da Educação. Conselho Nacional de Educação. Câmara de Educação Básica. Resolução n. 3, de 10 de novembro de 1999. **Diário Oficial da União**, Brasília, DF, 17 nov. 1999. Disponível em: <http://portal.mec.gov.br/cne/ arquivos/pdf/rceb03_99.pdf>. Acesso em: 21 fev. 2019.

_____. Resolução n. 1, de 3 de abril de 2002. **Diário Oficial da União**, Brasília, DF, 9 abr. 2002b. Disponível em: <http://portal. mec.gov.br/cne/arquivos/pdf/ CEB012002.pdf>. Acesso em: 21 fev. 2019.

_____. Resolução n. 2, de 28 de abril de 2008. **Diário Oficial da União**, Brasília, DF, 29 abr. 2008. Disponível em: <http:// portal.mec.gov.br/arquivos/pdf/ resolucao_2.pdf>. Acesso em: 21 fev. 2019.

BRASIL. Ministério da Educação. Fundo Nacional de Desenvolvimento da Educação. Conselho Deliberativo. Resolução n. 6, de 17 de março de 2009. **Diário Oficial da União**, Brasília, DF, 2009. Disponível em: <http://www.fnde.gov. br/acesso-a-informacao/ institucional/legislacao/item /3290-resolu%C3%A7%C3%A 3o-cd-fnde-n%C2%BA-6-de- 17-de-mar%C3%A7o-de-2009>. Acesso em: 21 fev. 2019.

BRASIL. Ministério da Educação e Cultura. Secretaria-Geral. **II Plano Setorial de Educação e Cultura (1975/1979)**. Brasília: Departamento de Documentação e Divulgação, 1976. Disponível em: <http://www.dominiopublico. gov.br/download/texto/me002052. pdf>. Acesso em: 21 fev. 2019.

_____. **III Plano Setorial de Educação, Cultura e Desporto 1980/1985**. 2. Ed. Brasília: Coordenadoria de Comunicação Social, 1982b. Disponível em: <http://dominio publico.mec.gov.br/download/ texto/me001497.pdf>. Acesso em: 21 fev. 2019.

BRASIL. Ministério do Desenvolvimento Agrário. Instituto Nacional de Colonização e Reforma Agrária. **Programa Nacional de Educação na Reforma Agrária**: manual de operações. Brasília, DF, abr. 2004c. Disponível em: <http://www.incra.gov.br/sites/default/files/programa_nac_educacao_reforma_agraria.pdf>. Acesso em: 21 fev. 2019.

_____. **Programa Nacional de Educação na Reforma Agrária**: manual de operações. Brasília, DF, abr. 2012. Disponível em: <http://www.incra.gov.br/sites/default/files/manual_de_operacoes_do_pronera_2012.pdf>. Acesso em: 21 fev. 2019.

CABRAL, J. I. (Coord.). **Missões rurais de educação**: a experiência de Itaperuna – uma tentativa de organização da comunidade. Rio de Janeiro: Ministério da Agricultura/Serviço de Informação Agrícola, 1952. (Série Estudos Brasileiros, n. 3).

CALAZANS, M. J. C. Para compreender a educação do Estado no meio rural: traços de uma trajetória. In: THERRIEN, J.; DAMASCENO, M. N. **Educação e escola no campo**. Campinas: Papirus, 1993, p. 15-40.

CALAZANS, M. J. C.; CASTRO, L. F. M. de; SILVA, H. R. S. O Pronasec e as ações socioeducativas no meio rural: uma análise. **Fórum Educacional**, Rio de Janeiro, v. 8, n. 3, p. 71-92, jul./set. 1984.

CALDART, R. S. Elementos para construção do projeto político e pedagógico da educação do campo. In: MOLINA, M. C.; JESUS, S. M. S. A. de (Org.). **Por uma educação do campo**: contribuições para a construção de um projeto de educação do campo. Brasília: Articulação Nacional por uma Educação Básica do Campo, 2004a. p. 13-49.

_____. Por uma educação do campo: traços de uma identidade em construção. In: ARROYO, M. G.; CALDART, R. S.; MOLINA, M. C. **Por uma educação do campo**. Petrópolis: Vozes, 2004b. p. 147-158.

CALDART, R. S. et al. (Org.). **Dicionário da educação do campo**. Rio de Janeiro: Escola Politécnica de Saúde Joaquim Venâncio; São Paulo: Expressão Popular, 2012.

CAMINI, I. **Educação itinerante**: na fronteira de uma nova escola. São Paulo: Expressão Popular, 2009.

CARLOS, A. F. A. **O lugar no/do mundo**. São Paulo: Labur, 2007.

CARNOY, M. **Educação, economia e estado**: base e superestrutura, relações e mediações. São Paulo: Cortez, 1986.

CHAUI, M.; NOGUEIRA, M. A. O pensamento político e a redemocratização do Brasil. **Lua Nova**, São Paulo, v. 71, p. 173-228, 2007.

CLAVAL, P. **Terra dos homens**: a geografia. São Paulo: Contexto, 2010.

CORRÊA, R. L. **Trajetórias geográficas**. Rio de Janeiro: Bertrand Brasil, 1997.

____. **O espaço urbano**. 4. ed. São Paulo: Ática, 2002.

____. Região: um conceito complexo. In: ____. **Região e organização espacial**. 4. ed. São Paulo: Ática, 2007.

CRAMPTON J. W.; KRYGIER J. Uma introdução à cartografia crítica. In: ACSELRAD, H. (Org.). **Cartografias sociais e território**. Rio de Janeiro: Universidade Federal do Rio de Janeiro, Instituto de Pesquisa e Planejamento Urbano e Regional, 2008.

DAMASCENO, M. N.; BESERRA, B. Estudos sobre educação rural no Brasil: estado da arte e perspectiva. **Educação e Pesquisa**, São Paulo, v. 30, n. 1, p. 73-89, jan./abr. 2004.

DATALUTA – Banco de Dados da Luta pela Terra. **Relatório Brasil 2015**, ano 16, 2016. Disponível em: <http://www2.fct.unesp.br/nera/projetos/dataluta_relatorio_brasil_2015_publicado2016.pdf>. Acesso em: 21 fev. 2019.

DOLFUS, O. **O espaço geográfico**. 5. ed. Rio de Janeiro: Bertrand Brasil, 1991.

ESTEVAM, C. A questão da Cultura popular. In: FÁVERO, O. (Org.). **Cultura popular e educação popular**: memória dos anos 60. 2. ed. Rio de Janeiro: Graal, 1983.

FARIAS, M. I. **Os processos de territorialização e desterritorialização da educação do campo no sudoeste do Paraná**. Dissertação (Mestrado em Geografia) – Presidente Prudente: Universidade Estadual Paulista, 2014.

FÁVERO, O. (Org.). **Cultura popular e educação popular**: memória dos anos 60. 2. ed. Rio de Janeiro: Graal, 1983.

_____. **Uma pedagogia da participação popular**: análise da prática educativa do MEB – Movimento de Educação de Base (1961/1966). Campinas: Autores Associados, 2006.

FEIGES, M. M. F. **Tendências da educação e suas manifestações na prática pedagógica escolar**. Síntese reelaborada com base na produção dos alunos das turmas A e B / 94 da disciplina de Didática do Curso de Especialização em Pedagogia para o Ensino Religioso – PUC/SEED/PR. [s.d.].

FERNANDES, B. M. A questão agrária no Brasil hoje: subsídios para pensar a educação do campo. In: PARANÁ. Secretaria de Educação. Superintendência da Educação. Departamento de Ensino Fundamental. **Educação do campo**. Curitiba, 2005. p. 15-22. (Cadernos Temáticos).

_____. Políticas públicas, questão agrária e desenvolvimento territorial rural no Brasil. In: SCHNEIDER, S.; GRISA, C. (Org.). **Políticas públicas de desenvolvimento rural no Brasil**. Porto Alegre: Ed. da UFRGS, 2015. p. 381-400.

_____. **Sobre a tipologia de territórios**. 2008. Disponível em: <http://acciontierra.org/IMG/pdf/BERNARDO_TIPOLOGIA_DE_TERRITORIOS.pdf>. Acesso em: 21 fev. 2019.

FERNANDES, B. M.; MEDEIROS, L. S. de; PAULILO, M. I. (Org.). **Lutas camponesas contemporâneas**: condições, dilemas e conquistas. São Paulo: Ed. da Unesp; Brasília: Núcleo de Estudos Agrários e Desenvolvimento Rural, 2009. v. II: A diversidade das formas das lutas no campo.

FREEMAN, T. W. **The Geographer's Craft**. Manchester: Manchester University Press, 1961.

FREIRE, P. **A educação na cidade**. 4. ed. São Paulo: Cortez, 2000.

_____. **Ação cultural para a liberdade e outros escritos**. Rio de Janeiro: Paz e Terra, 1982.

_____. **Educação e atualidade brasileira**. São Paulo: Cortez, 2001.

_____. **Pedagogia do oprimido**. 17. ed. Rio de Janeiro: Paz e Terra, 1987.

FREIRE, P. ; NOGUEIRA, A. **Que fazer**: teoria e prática em educação popular. Petrópolis: Vozes, 2009.

FREITAS, H. C. de A. Rumos da educação do campo. **Em Aberto**, Brasília, v. 24, n. 85, p. 35-49, abr. 2011. Disponível em: <http://emaberto.inep. gov.br/index. php/emaberto/issue/view/266>. Acesso em: 21 fev. 2019.

FRIGOTTO, G. Educação omnilateral. In: CALDART, R; PEREIRA, I. B. ALENTEJANO, P. ; FRIGOTTO, G. (Orgs.). **Dicionário da educação do campo**. Rio de Janeiro, São Paulo: Escola Politécnica de Saúde Joaquim Venâncio, Expressão Popular, 2012.

GADOTTI, M. Educação popular, educação social, educação comunitária: conceitos e práticas diversas, cimentadas por uma causa comum. **Revista Diálogos**, Brasília, v. 18, n. 2, p. 10-32, dez. 2012.

_____. **Perspectivas atuais da educação**. Porto Alegre: Artes Médicas, 2000.

GEOGRAFIA. **Índios Online**, 9 jan. 2007. Disponível em: <https://www.indiosonline. net/222222/> Acesso em: 21 fev. 2019.

GHEDIN, E.; BORGES, H. S. **Educação do campo**: a epistemologia de um horizonte de formação. Manaus: UEA Edições, 2007.

GIRARDI, E. P. **Proposição teórico-metodológica de uma cartografia geográfica crítica e sua aplicação no desenvolvimento do atlas da questão agrária brasileira**. Tese (Doutorado em Geografia) – Universidade Estadual Paulista, Presidente Prudente, 2008.

GORAYEB, A; MEIRELES, J. A cartografia social vem se consolidando como instrumento de defesa de direitos. **Rede Mobilizadores**, 9 fev. 2014. Entrevista. Disponível em: <http://www.mobilizadores.org.br/entrevistas/cartografia-soci al-vem-se-consolidando-com-instrumento-de-defesa-de-dire itos/>. Acesso em: 21 fev. 2019.

GULLAR, F. Cultura popular. In: FÁVERO, O. (Org.). **Cultura popular e educação popular**: memória dos anos 60. 2. ed. Rio de Janeiro: Graal, 1983. p. 49-75.

HAESBAERT, R. Região, diversidade territorial e globalização. **GEOgraphia**, ano 1, n. 1, p. 15-39, 1999.

HARLEY, J. B. A nova história da cartografia. **O correio da Unesco**, Paris, ano 19, n. 8, p. 4-9, 1991.

_____. Desconstruindo o mapa cartográfico. **Cartographica**, v. 26, n. 2, p. 1-20, 1989.

HOELLER, S. C. Caminhos e descaminhos da educação rural e os desafios da educação do e (no) campo. In: CONGRESSO DE PESQUISA E ENSINO DE HISTÓRIA DA EDUCAÇÃO EM MINAS GERAIS, 9., 2017, Uberlândia.

IANNI, O. **Origens agrárias do estado brasileiro**. São Paulo: Brasiliense, 1984.

IBGE – Instituto Brasileiro de Geografia e Estatística. **Atlas geográfico escolar.** Disponível em: <https://mapas.ibge.gov.br/escolares/atlas-geografico-escolar.html>. Acesso em: 21 fev. 2019a.

_____. **Atlas geográfico escolar**: mapas do Brasil. Disponível em:<https://atlasescolar.ibge.gov.br/mapas-atlas/mapas-do-brasil.html>. Acesso em: 5 set. 2019b.

_____. **Censo geográfico**. Séries histórica e estatísticas. Disponível em: <https://seriesestatisticas.ibge.gov.br/series.aspx?vcodigo=ECE305>. Acesso em: 21 fev. 2019c.

IBGE – Instituto Brasileiro de Geografia e Estatística. Classificação e caracterização dos espaços rurais e urbanos do Brasil: uma primeira aproximação. **Estudos e Pesquisas: Informação Demográfica e Socioeconômica**, Rio de Janeiro, IBGE, n. 11, 2017. Disponível em: <https://biblioteca.ibge.gov.br/visualizacao/livros/liv100643.pdf>. Acesso em: 21 fev. 2019.

_____. Tendências demográficas: uma análise da população com base nos resultados dos censos demográficos 1940 e 2000. **Estudos e Pesquisas: Informação Demográfica e Socioeconômica**, Rio de Janeiro: IBGE, n. 20, 2007. Disponível em: <https://biblioteca.ibge.gov.br/visualizacao/livros/liv34956.pdf>. Acesso em: 21 fev. 2019.

INEP – Instituto Nacional de Estudos e Pesquisas Educacionais Anísio Teixeira. **Censo escolar**. Disponível em: <http://inep.gov.br/web/guest/resultados-e-resumos>. Acesso em: 21 fev. 2019a.

_____. **Revista Brasileira de Estudos Pedagógicos**. Brasília, DF, v. 2, n. 6, dez. 1944. Disponível em: <http://rbep.inep.gov.br/index.php/rbep/issue/view/153>. Acesso em: 21 fev. 2019.

_____. **Sinopse estatísticas da educação básica**. Disponível em: <http://inep.gov.br/sinopses-estatisticas-da-educacao-basica>. Acesso em: 21 fev. 2019b.

KLEIN, A. M.; PÁTARO, C. S. de O. A escola frente às novas demandas sociais: educação comunitária e formação para a cidadania. **Cordis: Revista Eletrônica de História Social da Cidade**, São Paulo, n. 1, 2008. Disponível em: <https://revistas.pucsp.br/index.php/cordis/issue/view/719>. Acesso em: 21 fev. 2019.

KOLLING, J. E.; CERIOLI, P. R.; CALDART, R. S. (Org.). **Educação do campo**: identidade e políticas públicas. Brasília: Ed. da UnB, 2002. v. 4. (Coleção Por uma Educação do Campo).

KORNIS, M. A. **A trajetória política de João Goulart**. Centro Popular de Cultura. FGV CPDOC – Centro de Pesquisa e Documentação de História Contemporânea do Brasil. Disponível em: <http://cpdoc.fgv.br/producao/dossies/Jango/artigos/NaPresidenciaRepublica/Centro_Popular_de_Cultura>. Acesso em: 21 fev. 2019.

KOSIK, K. **Dialética do concreto**. 2. ed. Rio de Janeiro: Paz e Terra, 1976.

LEITE, S. C. **Escola rural**: urbanização e políticas educacionais. São Paulo: Cortez, 1999.

LINERA, A. G. **Forma, valor e forma comunidade**. Buenos Aires: Prometeu, 2010.

LORIERI, M. A.; RIOS, T. A. **Filosofia na escola**: o prazer da reflexão. São Paulo: Moderna, 2004.

LOURENÇO FILHO. M. B. A educação rural no México. **Revista Brasileira de Estudos Pedagógicos**, Rio de Janeiro, v. 17, n. 45, p. 108-198, jan./mar. 1952.

MANIFESTO dos pioneiros da Educação Nova (1932) e dos educadores (1959). Recife: Fundação Joaquim Nabuco, Editora Massangana, 2010. (Coleção Educadores). Disponível em: <http://www.dominiopublico.gov.br/download/texto/me4707.pdf>. Acesso em: 21 fev. 2019.

MARTINS, J. de S. **Os camponeses e a política no Brasil**. Petrópolis: Vozes, 1981.

MARX, K. **O capital**: crítica da economia política. São Paulo: Abril Cultural, 1985.

MARX, K.; ENGELS, F. **A ideologia alemã**. São Paulo: M. Fontes, 1998.

MEDEIROS, L. S. de. **História dos movimentos sociais no campo**. Rio de Janeiro: Fase, 1989.

MENDONÇA, S. R. de. **Estado, educação rural e influência norte-americana no Brasil**: 1930-1961. Niterói: Ed. da UFF, 2010.

MENNUCCI, S. **A crise brasileira de educação**. 2. ed. São Paulo: Piratininga, 1934.

_____. **A crise brasileira de educação**. São Paulo: Piratininga, 2006.

MIGNOLO, W. D. Globalização, mundialización: processos civilizadores e a recolocação de línguas e saberes. In: ____. **Histórias locais/projetos globais**: colonialidade, saberes subalternos e pensamento liminar. Belo Horizonte: Ed. da UFMG, 2000. p. 376-420.

MIGUEL, M. E. B. **A formação do professor e a organização social do trabalho**. Curitiba: Ed. da UFPR, 1997.

____. A formação do professor para as escolas rurais no Paraná no contexto das políticas de educação nacionais e internacionais. **Revista HISTEDBR**, Campinas, n. 43, p. 21-31, set. 2011.

MINISTÉRIO DA EDUCAÇÃO E CULTURA. Campanha nacional de educação rural – CNER. **Revista da Campanha Nacional de Educação Rural**, ano 6, n. 8, 1959.

MOLINA, M. C.; JESUS, S. M. S. A. de (Org.). **Contribuições para a construção de um projeto de educação do campo**. Brasília: Ed. da UnB, 2004. v. 5. (Coleção por uma Educação do Campo).

MST – Movimento dos Trabalhadores Rurais Sem Terra. **Jornada Nacional de Luta pela Reforma Agrária**. Disponível em: <http://www.mst.org.br/jornada-nacional-de-luta-por-reforma-agraria-2017/>. Acesso em: 21 fev. 2019.

ONÇAY, S. T. V. **Escola das classes populares**: contribuindo para a construção de políticas públicas. Ijuí: Editora Unijuí, 2005.

ONUBR – Nações Unidas do Brasil. **A carta das Nações Unidas**. São Francisco, EUA, 26 jun. 1945. Disponível em: <https://nacoesunidas.org/wp-content/uploads/2017/11/A-Carta-das-Na%C3%A7%C3%B5es-Unidas.pdf>. Acesso em: 21 fev. 2019.

PAIVA, V. **História da educação popular no Brasil**: educação popular e educação de adultos. 7. ed. São Paulo: Loyola, 2015.

PARANÁ. Fundação Escola do Ministério Público do Estado do Paraná. **Projeto Vale do Ribeira**: narrativas quilombolas em teatro de bonecos. Curitiba, 2016.

PEREIRA, R. M. F. do A. **Da geografia que se ensina à gênese da geografia moderna**. Florianópolis: Ed. da UFSC, 2010.

POCHMAN, M. **Nova classe média?** O trabalho na pirâmide social brasileira. São Paulo: Boitempo, 2012.

PRADO JUNIOR, C. **A revolução brasileira**. 2. ed. São Paulo: Brasiliense, 1966.

PRADO, A. A. Ruralismo pedagógico no Brasil do Estado Novo. **Revista Estudos Sociedade e Agricultura**, Rio de Janeiro, n. 4, jul. 1995, p. 5-27.

RAFFESTIN, C. **Por uma geografia do poder**. São Paulo: Ática, 1980.

RIBEIRO, M. **Movimento camponês, trabalho e educação**: liberdade, autonomia, emancipação – princípios/fins da formação humana. São Paulo: Expressão Popular, 2010.

ROMANELLI, O. de O. **História da educação no Brasil**: 1930-1973. 8. ed. Petrópolis: Vozes, 1986.

SAMPAIO, J. R. (Org.). **Capitalismo em crise**: a natureza e dinâmica da crise econômica mundial. São Paulo: Suderman, 2009.

SANTOS, M. **A natureza do espaço:** técnica e tempo: razão e emoção. 2. ed. São Paulo: Hucitec, 1997.

_____. **A natureza do espaço**: técnica e tempo, razão e emoção. São Paulo: Hucitec, 1999a.

_____. **Metamorfose do espaço habitado**. São Paulo: Hucitec, 1996.

_____. **Metamorfoses do espaço habitado**: fundamentos teóricos e metodológicos da geografia. São Paulo: Hucitec, 1988.

_____. **O espaço do cidadão**. São Paulo: Nobel, 2000.

_____. O território e o saber local: algumas categorias de análise. **Cadernos IPPUR**, Rio de Janeiro, v. XII, n. 2, p. 15-26, 1999b.

_____. **Por uma geografia nova**: da crítica da geografia a uma geografia crítica. 2. ed. São Paulo: Hucitec, 1978.

_____. **Urbanização brasileira**. São Paulo: Ed. Hucitec, 1993.

SANTOS, M.; BECKER, B. K. (Org). **Território, territórios** – ensaios sobre o ordenamento territorial. 3. ed. Rio de Janeiro: Ed. Lamparina, 2007.

SAPELLI, M. L. S.; FREITAS, L. C. de; CALDART, R. S. (Org.). **Caminhos para a transformação da escola 3**: organização do trabalho pedagógico nas escolas do campo. São Paulo: Expressão Popular, 2015.

SAVIANI, D. **Escola e democracia**: teorias da educação, curvatura da vara, onze teses sobre educação e política. 33. ed. rev. Campinas: Autores Associados, 2000.

SCHNEIDER, S. Teoria social, agricultura familiar e pluriatividade. **Revista Brasileira de Ciências Sociais**, São Paulo, v. 18, n. 51, p. 99-121, 2003.

SILVA, J. G. Por uma reforma agrária não essencialmente agrícola. **Agroanalysis**, Rio de Janeiro, n. 16, p. 8-11, mar. 1996.

_____. **O novo rural brasileiro**. 2. ed. Campinas: Ed. da Unicamp, 2002.

_____. O novo rural brasileiro. **Revista Nova Economia**, Belo Horizonte, v. 7, n. 1, p. 43-81, maio 1997.

SILVA, S.; MURARO, D. N. Conhecer para transformar: a epistemologia críticodialética de Paulo Freire. In: X AMPED SUL, 2014. **Anais...** Florianópolis, 2014.

SODRÉ, N. W. **A Coluna Prestes**: análise e depoimento. São Paulo: Círculo do Livro, 1981.

SOUZA, Moreira J. de. Educação rural pela escola primária. **Revista Brasileira dos Municípios**, Rio de Janeiro: IBGE, v. 3, n. 12, p. 1.095-1.105, out./dez. 1950. Disponível em: <https://biblioteca.ibge.gov.br/visualizacao/periodicos/180/rbm_1950_v3_n12_out_dez.pdf>. Acesso em: 21 fev. 2019.

SUZIGAN, W.; FURTADO, J. Política industrial e desenvolvimento. **Revista de Economia Política**, São Paulo, v. 26, n. 2, p. 163-185, abr./jun. 2006.

SZMRECSÁNYI, T.; QUEDA, O. **Vida rural e mudança social**: leituras básicas de sociologia rural. 2. ed. São Paulo: Nacional, 1976.

TAYLOR, D. F. F. Uma base conceitual para a cartografia: novas direções para a era da informação. **Portal da Cartografia**, Londrina, v. 3, n. 1, p. 11-24, 2010.

_____. A conceptual basis for cartography: new directions for the information era. **The Cartographic Journal**, v. 28, n. 2, p. 213-216, 1991.

TEIXEIRA, A. **A educação e a crise brasileira**. São Paulo: Companhia Editora Nacional, 1956.

UFSCAR – Universidade Federal de São Carlos. **Número de escolas no campo diminui drasticamente no Brasil**. 9 fev. 2017. Disponível em: <http://www.fai.ufscar.br/noticia/numero-de-escolas-no-campo-diminui-drasticamente-no-brasil.html>. Acesso em: 21 fev. 2019.

UNESCO – United Nations Educational, Scientific and Cultural Organization. Recommendations 1934-1977. INTERNATIONAL CONFERENCE ON EDUCATION, Paris, 1979.

____. **Declaração mundial sobre educação para todos**: satisfação das necessidades básicas de aprendizagem. Jomtien, 1990. Disponível em: <http://unesdoc.unesco.org/images/0008/000862/086291por.pdf>. Acesso em: 21 fev. 2019.

____. **Representação da Unesco no Brasil**. Disponível em: <http://www.unesco.org/new/pt/brasilia/education>. Acesso em: 21 fev. 2019.

VAZQUEZ, A. S. **Filosofia da práxis**. 2. ed. Rio de Janeiro: Paz e Terra, 1977.

Bibliografia comentada

ARCHELA, R. S.; THÉRY, H. Orientação metodológica para construção e leitura de mapas temáticos. **Confins**, n. 3, 2008. Disponível em: <https://journals.openedition.org/confins/3483>. Acesso em: 22 fev. 2019.

No artigo indicado, os autores sistematizam os conceitos fundamentais do processo cartográfico que precisam ser observados na construção de mapas úteis para a análise e a compreensão do espaço geográfico. Estabelecem uma correlação entre os mapas gerados com auxílio de *softwares* livres, a semiologia gráfica e o preparo de mapas. Por meio de uma exposição didática, apresentam uma classificação para os mapas quanto ao modo de expressão, à escala, ao conteúdo, ao modo de implantação, ao nível de organização, à variável visual e aos métodos de mapeamento, contribuindo para a formação e a análise da linguagem cartográfica apresentada em mapas em várias escalas.

ARROYO, M. G.; CALDART, R. S.; MOLINA, M. C. **Por uma educação do campo**. Petrópolis: Vozes, 2004.

O livro é uma coletânea de textos que retratam a história da educação do campo. Relata a primeira conferência sobre o assunto e marca o nascimento do tema. Também traz os elementos necessários para discutir a identidade da educação do campo, considerando-a direito dos sujeitos. A obra ainda apresenta anexos, que contribuem com nossos estudos, como as diretrizes operacionais para a educação básica nas escolas do campo e a Declaração de 2002. A leitura é essencial para compreender o processo da luta dos movimentos sociais.

ARROYO, M. G.; FERNANDES, B. M. **A educação básica e o movimento social do campo**. Brasília: Articulação Nacional Por uma Educação Básica do Campo, 1999. v. 2. (Coleção por uma Educação Básica do Campo). Disponível em: <http://portal.mec.gov.br/secad/arquivos/pdf/educacao docampo/edbasicapopular.pdf>. Acesso em: 21 fev. 2019.

Organizada pelos professores Bernardo Mançano Fernandes e Miguel G. Arroyo, a obra faz parte da coleção *Por uma Educação Básica do Campo*. Traz um texto curto de Fernandes, em que ele aborda sobre a relação e a interação cidade-campo, e outro intitulado *Por uma escola do campo*. Apresenta, também, o documento síntese do Seminário da Articulação Nacional por uma Educação Básica do Campo, que ocorreu em Cajamar/SP, em novembro de 1999, com a participação da CNBB, MST, UNB, Unicef, Unesco entre outras entidades. Esse texto analisa o avanço da educação básica do campo e da organização de um espaço importante, que é a própria articulação nacional e sua atuação nos Estados.

BEISIEGEL, C. de R. **Política e educação popular**: a teoria e a prática de Paulo Freire no Brasil. Brasília: Liber Livro, 2008.

A obra de Celso Rui Beisiegel é um dos clássicos que abordam a educação popular, retratando seu contexto histórico, a educação como um processo conscientizador, a crítica à educação escolar brasileira e o conceito de cultura. O autor ainda apresenta a proposta freireana de alfabetização e a ideia das palavras geradoras, assim como o processo de formação e conscientização do educador.

BRANDÃO, C. R. **O que é educação popular**. São Paulo: Brasiliense, 2012.

No formato de livro de bolso, compõe a *Coleção Primeiros Passos*, da Editora Brasiliense. Demonstra as muitas relações da educação popular e suas ligações com os saberes da comunidade, seu papel no processo de democratização e de libertação. Além disso, a obra estabelece a relação com o campo pedagógico do trabalho do educador popular.

BRANDÃO, C. R. **Lutar com a palavra**: escritos sobre o trabalho do educador. Rio de Janeiro: Graal, 1982.

É uma obra que reúne escritos de tempos diferentes. Talvez aí resida uma de suas riquezas, pois, ao aproximar as distintas realidades, o texto mostra a educação como fio condutor que inspira várias gerações e vários povos. O livro ainda discute a cultura popular em diferentes espaços geográficos e étnicos. Um diferencial da obra é que ela vai se constituindo por escritos de um observador atento, sendo permeada por poesias que falam da educação, do educador e do sonho de outro mundo possível.

CALDART, R. S. et al. (Org.). **Dicionário da educação do campo.** Rio de Janeiro: Escola Politécnica de Saúde Joaquim Venâncio; São Paulo: Expressão Popular, 2012. Disponível em: <http://www.epsjv.fiocruz.br/sites/default/files/l191.pdf>. Acesso em: 21 fev. 2019.

O livro foi elaborado para um público bem diversificado: militantes dos movimentos sociais, estudantes do ensino médio à pós-graduação, educadores das escolas do campo, pesquisadores da área da educação, profissionais da assistência técnica, lideranças sindicais e políticas comprometidas com as lutas da classe trabalhadora. A obra é uma ferramenta imprescindível para entender alguns conceitos da educação do campo.

FÁVERO, O. (Org.). **Cultura popular e educação popular**: memória dos anos 60. 2. ed. Rio de Janeiro: Graal, 1983.

A obra de Osmar Fávero é uma leitura obrigatória para entender os processos e as experiências da cultura e da educação popular realizadas no Brasil no início dos anos 1960. Apresenta um conteúdo muito atual, principalmente em virtude do que estamos vivendo no Brasil. O livro aponta documentos que revelam o posicionamento e os muitos movimentos acerca da cultura e da educação popular, decorrentes da ação de pessoas, grupos e instituições. Por fim, o autor reúne, em seus seis capítulos, autores como Jarbas Maciel, Carlos Estevam Martins, Ferreira Gullar, Jomard Muniz de Brito, Sebastião Uchoa Leite, que, além de escreverem sobre, viveram, ao lado de Paulo Freire, esse momento de revolução na cultura e na educação brasileira.

FREIRE, P. **Educação e atualidade brasileira**. São Paulo: Cortez, 2001.

A obra foi escrita com o caráter de uma tese para o concurso que Paulo Freire prestava para a então Universidade do Recife, hoje Universidade Federal de Pernambuco. Nessa obra, e já nesse tempo, Freire tinha a preocupação com uma escrita e uma interpretação do mundo a partir da dialética. Assim, denuncia a realidade autoritária, assistencialista e paternalista de nossas relações sociais e, portanto, refletidas na escola e nos contextos educacionais. Denuncia, ainda, o ensino bancário decorrente de ações superpostas por dirigentes ao povo. O autor também discute a importância do processo de transição da consciência ingênua a uma consciência crítica por meio da participação do povo em seus processos culturais e históricos.

FREIRE, P. ; NOGUEIRA, A. **Que fazer**: teoria e prática em educação popular. Petrópolis: Vozes, 2009.

É uma obra no formato de livro de bolso e escrita de forma dialogada. No livro, os autores abordam a educação popular como processo educativo que rompe com a tradição educacional ocupada apenas com uma minoria social, a elite opressora. Confere, portanto, um conteúdo social à educação, sendo não individualista e com uma dimensão ativamente política libertadora do povo em condições de opressão. Portanto, temos uma discussão permeada por conceitos muito caros à educação popular: cultura popular, organização, luta popular, conhecimentos populares e leitura pedagógica da cultura.

GADOTTI, M. Educação popular, educação social, educação comunitária: conceitos e práticas diversas, cimentadas por uma causa comum. **Revista Diálogos**, Brasília, v. 18, n. 2, p. 10-32, dez. 2012.

O texto discute temas muito presentes nos últimos 20 ou 30 anos, que são as várias "educações". Assim, concepções e práticas de educação são abordadas. O autor enfatiza o vínculo da educação popular com a educação social, educação comunitária e as outras "educações", que se definem por suas territorializações, como a educação do campo, a quilombola, a faxinalense, entre outras.

GADOTTI, M. **Perspectivas atuais da educação**. Porto Alegre: Artes Médicas, 2000.

O livro traz uma reflexão sobre o consenso de que o desenvolvimento de um país está condicionado à qualidade de sua educação. Nesse contexto, apresenta as perspectivas para uma educação otimista. O autor busca, ainda, retratar a educação no contexto da globalização e da era da informação, apontando consequências desse processo, o que poderá permanecer da "velha" educação e algumas categorias fundantes da educação do futuro.

MACHADO, C. L. B.; CAMPOS, C. S. S.; PALUDO, C. (Org.). **Teoria e prática da educação do campo**: análises de experiências. Brasília: MDA, 2008.

A coletânea de textos foi publicada pelo Ministério do Desenvolvimento Agrário e traduz a experiência do curso de licenciatura em Pedagogia do Campo. Da formação de duas turmas, resultou a produção coletiva de pesquisas que foram realizadas durante o curso. Os textos podem acrescentar novos olhares para prática e experiências na educação do campo. Entre eles, estão: *A pedagogia e as práticas educativas na educação do campo; Limites e possibilidades: Um olhar sobre o projeto político pedagógico na perspectiva da educação do campo; A organização do processo educativo; Práticas educativas na sala de aula; Práticas educativas no Ensino Médio.* Os artigos retratam várias experiências em educação do campo. Contudo, é importante lembrar que cada realidade é única, o que implica considerar os sujeitos da escola do campo a partir de seu processo histórico de luta.

MOLINA, M. C.; JESUS, S. M. S. A. de (Org.). **Contribuições para a construção de um projeto de educação do campo**. Brasília: Ed. da UnB, 2004. v. 5. (Coleção por uma Educação do Campo).

Este livro é o quinto caderno da *Coleção Por uma Educação do Campo.* Traz análises e referências teóricas sobre a construção de um projeto político pedagógico na escola do campo. Também apresenta a discussão sobre como é o público na educação do campo. Para trabalhar no "chão da escola", é imprescindível nos apropriarmos dessa leitura.

PAIVA, V. **História da educação popular no Brasil**: educação popular e educação de adultos. 7. ed. São Paulo: Loyola, 2015.

A autora faz um belo percurso histórico da educação rural, contextualizando esse processo na história da educação. O livro também traz a contribuição da educação popular atrelada à história política do país, que a própria autora vivenciou. É um livro com muitas informações documentadas, pois trata-se da construção de uma caminhada acadêmica realizada por Paiva.

PEREIRA, R. M. F. do A. **Da geografia que se ensina à gênese da geografia moderna**. Florianópolis: Ed. da UFSC, 2010.

A obra de Raquel Maria Fontes do Amaral Pereira é um importante estudo desenvolvido junto à Universidade Federal de Santa Catarina sob a orientação do professor Milton Santos. Um dos pontos tratados pela autora é a influência de aspectos da geografia tradicional ainda presentes no ensino da geografia. O livro apresenta uma diferença significativa entre a geografia como ciência e a geografia que se ensina.

SANTOS, M. **A natureza do espaço**: técnica e tempo, razão e emoção. São Paulo: Hucitec, 1999.

Uma das mais importantes obras de Milton Santos e com uma contribuição imensurável. Tem como ponto de partida a vontade de que a definição de espaço seja compreendida como um conjunto indissociável de sistemas de objetos e de sistemas de ações.

SANTOS, M. **Metamorfoses do espaço habitado**: fundamentos teóricos e metodológicos da geografia. São Paulo: Hucitec, 1988.

Essa obra de Milton Santos explica as necessidades humanas diante do espaço geográfico e utiliza, para isso, as categorias paisagem, região, lugar, espaço e território. Santos discute também o aspecto da mobilidade planetária do capital, tratando-o como uma nova forma de configuração social. O autor trata da questão da mundialização sob a perspectiva da concentração e da centralização da economia, do poder político, e do agravamento da desigualdade social. Para aprofundar o conhecimento na área de geografia, é uma leitura necessária.

SAPELLI, M. L. S.; FREITAS, L. C. de; CALDART, R. S. (Org.) **Caminhos para a transformação da escola 3**: organização do trabalho pedagógico nas escolas do campo. São Paulo: Expressão Popular, 2015.

O livro concentra o esforço de escritas de diversos autores, que buscaram relatar e sistematizar algumas experiências que estão sendo desenvolvidas pelos movimentos sociais nas escolas do campo, principalmente as localizadas em assentamentos e acampamentos. Os ensaios sobre o desenvolvimento dos complexos de estudo são uma rica contribuição para entender a realidade da escola do campo, partindo do fazer na escola. A obra integra a série *Caminhos para transformação da escola*, que tem a intenção de divulgar as práticas e discussões teóricas atuais sobre a escola do campo.

Respostas

Capítulo 1

1. d
2. c
3. F, V, V, V.
4. d
5. c

Capítulo 2

1. V, V, V, F.
2. a
3. V, V, F, F.
4. d
5. a

Capítulo 3

1. c
2. d
3. a
4. c
5. b

Capítulo 4

1. b
2. c
3. a
4. d
5. b

Capítulo 5

1. c
2. c
3. b
4. V, F, V, F.
5. F, F, V, V.

Capítulo 6

1. V, V, F, V.
2. c
3. d
4. b
5. a

Sobre os autores

Maurício Cesar Vitória Fagundes tem pós-doutorado pela Universidade Estadual de Campinas (Unicamp) e é doutor em Educação pela Universidade do Vale do Rio dos Sinos (Unisinos). Professor associado da Universidade Federal do Paraná (UFPR) no Setor Litoral, em Matinhos, PR. Docente do Programa de Pós-Graduação em Educação: Teoria e Prática de Ensino. Docente do Mestrado Profissional para o Ensino de Ciências Ambientais. Líder do Grupo de Pesquisa Universidade Escola (GPEUE). Líder do Grupo de Pesquisa – Núcleo de Pesquisa em Educação: Campo, Trabalho, Práxis e Questão Agrária (NALUTA). Integra a Rede Freireana de Pesquisadores, vinculada à Cátedra Paulo Freire da Pontifícia Universidade Católica de São Paulo (PUC-SP).

Silvana Cassia Hoeller é doutoranda em Educação pela Pontifícia Universidade Católica do Paraná (PUC-PR) e mestre em Produção Vegetal pela Universidade Federal do Paraná (UFPR). Professora associada da UFPR no Setor Litoral, em Matinhos, PR. Docente do curso superior em Agroecologia. Integra o Grupo de Pesquisa Universidade Escola e o Grupo de Pesquisa – Núcleo de Pesquisa em Educação: Campo, Trabalho, Práxis e Questão Agrária (NALUTA).

Maria Isabel Farias é mestre em Geografia pela Universidade Estadual Paulista Júlio de Mesquita Filho. Professora assistente da Universidade Federal do Paraná (UFPR) no Setor Litoral, em Matinhos, PR. Docente do curso de Licenciatura em Educação do Campo. Integra Grupo de Pesquisa – Núcleo de Pesquisa em Educação: Campo, Trabalho, Práxis e Questão Agrária (NALUTA).

Os papéis utilizados neste livro, certificados por instituições ambientais competentes, são recicláveis, provenientes de fontes renováveis e, portanto, um meio responsável e natural de informação e conhecimento.

Impressão: Reproset
Outubro/2019